(par J. B. Perrin )

# E S S A I

## S U R

### L'ORIGINE et L'ANTIQUITE

## D E S

# L A N G U E S.

---

*Dicere verum*

* * * * *

HOR.

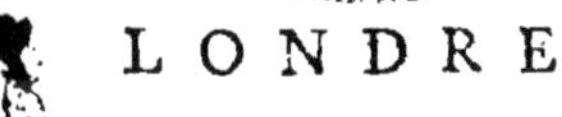

# L O N D R E S,

Chez
{
P. VAILLANT, dans le Strand.
C. BATHURST, No. 26, dans Fleet-Street.
B. LAW, No. 13, dans Ave-Maria-Lane.
J. ROBSON, dans New Bond-Street.

---

M. DCC. LXVII.

(par G. B. Perrin )

# LETTRES

## SUR

## L'Origine et L'Antiquite

## DES

## LANGUES.

Monsieur,

Quelle eſt donc la nouvelle opinion qui vous amuſe au milieu de vos loiſirs philoſophiques ? Le ſilencieux cultivateur d'Eden. Pouvois-je m'imaginer, qu'un de ces problêmes, qu'amène dans la converſation le haſard, pût parvenir juſqu' à vous ?

Vous me demandez des preuves, de ce que je ſoutins avec chaleur dans une converſation que



j'eu

j'eus avec le Chevalier N.   Vous m'en priez,
dites vous : votre prière eſt un commandement pour moi.   Que ne ferois-je pas pour
conſerver votre eſtime.

Les miniſtres de l'Evangile traverſent la vaſte
étendue des mers pour faire des proſélites.
Les vagues les portent aux extrémités du
globe.   Navigateurs hardis ils affrontent les
périls ; ils enviſagent les écueils ſans effroi. —
Noble motif.   La vérité les guide ; le ſuccès
les couronne.

Le parallèle n'eſt pas juſte, j'en conviens ;
mais le triomphe eſt également flatteur pour
moi.   Borné à des ſuccès moins brillans, je
n'aſpire pas à une couronne ſi glorieuſe. Votre

tre fuffrage me flatte : voilà mon ambition :
je renonce à tous les périls.

Moins agité dans cette île, que la mer,
qui l'environne, j'y coule mes jours dans une
conftante tranquillité : j'y jouis du plus pré-
cieux tréfor, de la liberté.

Mille fois je vous ai fouhaité dans cette île,
mille fois mes fouhaits ont été fans fuccès :
je me laffe de fouhaiter, et je me borne à
la feule efpérance ; unique et dernière reffoúrce,
des fouhaits fans réalité.

Voilà un préambule bien lugubre, me direz-
vous ; eh bien ; foyons plus gais, j'y confens.
Rappellons ces heureux momens, que nous

A 2

procuroit

procuroit un loifir animé par les plus joyeux propos, dans ces promenades fi agréables, où nous paffames en revue, ce que la nature nous offroit de plus amufant, ou vous donnates l'effor à votre efprit, par des faillies, qui firent voir en vous et l'homme fpirituel et le philofophe chrétien.

Cette juftice que je vous rends, ne doit pas vous paroitre équivoque ; j'ofe me flatter que vous me rendrez celle de croire, que je vous parle fans hiperbole.

Sans doute que le Chevalier, en fidèle hiftorien, vous a fait un récit complet de toutes nos tranfactions : votre lettre n'eft point énigmatique, il eft aifé d'y lire, que vous

ètes

( 5 )

êtes inftruit de tout.   Tant mieux.   Je m'en
épargnerai la   peine ;  elle deviendroit un
plaifir pour moi fi vous l'exigiez.


Ces defcriptions magnifiques  qu'on vous a
faites de  cette île,  ne vous auroient-elles pas
fait naitre l'envie de venir paffer vos jours dans
ce pays libre  et  philofophe ?  Je prévois déjà
votre réponfe :  elle m'afflige fans doute : mais
je facrifie mon  intérêt particulier  à  votre
propre fatisfaction.


Engagé  dans un commerce littéraire, que
puis-je faire, qui pût répondre à votre attente ?
Si je ne voulois écouter que mon penchant,
je ne vous écrirois que d'agréables badinages,
tels  que vous en écrivez vous-même.  Le

A 3

ferieux

férieux m'occupe trop, et dans cette île rien de plus dangereux qu'un air nébuleux ; mais rien de plus fréquent.

Vous n'avez peut-être en France, qu'un feul original du mifantrope ; nous en avons mille ici. Molière n'en a joué qu'un feul, que d'originaux échapés à cet Ariftophane François ? Enfin l'on peut dire, que la mifantropie eft natura-lifée en Angleterre, auffi bien que la coquet-terie en France, à une différence près, c'eft que la mifantropie Angloife eft une fuite de tempérament, et que la coquetterie Françoife eft un réfultat de légèreté.

Il en faut convenir, les Anglois nous furpaf-fent en mifantropie, elle leur eft naturelle. Nous ne pouvons jamais être que de mauvaifes copies.

Rien

Rien de plus amufant, que cette mifantropie Angloife : elle ne reffemble en rien au mifantrope François, c'eft une mifantropie périodique. Auffi la diverfité en fait-elle un agrément qui plait, quand elle n'eft point dans fon apogée.

Je tâche de fuivre la mode : je vous avoue franchement, j'y réuffis fans peine. Le pays y influe plus que tout le refte : mon tempérament ne s'y oppofe pas. C'eft un mérite de plus ; peut-être ne l'aurois-je jamais acquis ailleurs.

Ne vous écriez point au paradoxe. Oui, Monfieur, la mifantropie eft un mérite ici, mérite imaginaire, je l'avoue, mais qui eft

A 4

réel

réel dans cette île. Le mérite de la plûpart des chofes ne confifte que dans l'imagination. Il change felon les pays. Ici on blâme votre mercure François : chez vous le mifantrope eft ridicule. Deux caractères diamétralement oppofés, mais qui ont chacun leur mérite.

Ceux qui ne font mifantropes que par intervalle ne vous cèdent en rien du côté de la gaieté, et s'il y a des Héraclites dans ce pays-ci, nous ne manquons pas de Démocrites. J'ofe même dire que le nombre des rieurs eft fort fupérieur à celui des pleureurs.

Le François eft conftamment plus gai, je n'en fuis pas furpris, il eft conftamment plus diftrait. L'Anglois donne quelquefois dans

l'excès ;

( 9 )

l'excès ; nous ne lui cédons pas, nous don-
nons fouvent dans l'extravagance.

Tout bien calculé, la gaieté et la mifantropie font bien compenfées de part et
d'autre.   Le mifantrope de Molière n'eut
d'abord point de fuccès, mais enfin il fut
gouté : prefque tout le monde ici fe fou-
lèveroit contre la repréfentation d'une telle
pièce.   Auffi fe garde-t-on de faire paroitre le
mifantrope fur la fcène Angloife.   Tant on
aime à jouir d'anciens privilèges.   Celà ne
prouve-t-il pas un grand nombre d'originaux ?

Voyez le Chevalier : il eft digne de votre
eftime et de celle de vos amis,  vous ne trou-
verez pas en lui ces airs de petits-maitres, op-

probre

probre de l'homme ; encore moins ces préjugés ridicules de nation et de patrie, honte
de la raison humaine et du bon sens. Il est
tout esprit, tout cœur, tout sentiment : ce
font les moindres de ses qualifications, il n'est
pas ridicule : que de titres pour être chéri partout !

Voilà sans doute de grands préliminaires.
Ne vous impatientez pas, je vais les abréger
dans l'instant. Il ne me reste qu'une grace à
vous demander : c'est celle de me croire sans
équivoque,

MONSIEUR,

*Votre très humble, très obeiſſant ſerviteur,*

* * *.

LETTRE

# LETTRE II.

Monsieur,

L'ORIGINE et l'antiquité des langues a toujours été énigmatique. Les critiques ont souvent fait des recherches inutiles sur ce sujet : plusieurs nous ont donné des visions pour des vérités. Je n'en suis pas surpris, ils étoient souvent visionnaires.

L'avenir ne nous est pas connu : cette connoissance est l'appanage de la divinité. Souvent le passé est enveloppé de ténèbres. L'antiquité a ses mistères. Que puis-je donc vous proposer sinon des conjectures ?

Libre des préjugés je vous communiquerai librement mes pensées. Je ne prétens pas me

distinguer

diftinguer par des paradoxes, encore moins devez-vous vous attendre à des démonftrations géométriques. Je vous promets du probable. Voilà à quoi je m'engage, à rien de plus.

Accoutumé à ne faire plier votre raifon dans la fphère des chofes naturelles, que fous le poids des démonftrations, vous lui laiffez tout fon empire pour toute autre hipothèfe. Qu'elle exerce fon droit fur mon opinion: je la foumets à fon tribunal.

Egalement éloigné et des vifions péripatéticiennes, et des ténèbres fceptiques, je ne puis concevoir l'impoffible comme poffible, ni ne puis douter de l'évidence.

Tout

Toute hipothèse, qui eſt contre la raiſon, je la range à côté des êtres de raiſon, êtres fictices, auſſi incompréhenſibles que la quadrature du cercle. Tout ce qui porte l'empreinte de l'évidence, entraine ma raiſon ; j'y souſcris. J'abhorre le pirrhoniſme dans les choſes même vraiſemblables. Le douteux ſeul forme mon doute.

Le préjugé commun eſt, qu' Adam et Eve parlèrent Hébreux avant leur chute ; par conſéquent que l'Hébreux eſt la première langue. Préjugé longtems en vogue. J'eſſayerai, Monſieur, de prouver, que cette aſſertion approche du douteux, j'oſe même dire, qu'elle eſt fauſſe.

L'économie

L'économie des langues eſt merveilleuſe : elles ſont toutes fondées ſur une convention : la nature en fournit les moyens, le beſoin en établit la néceſſité.

Jettés au milieu d'un monde inombrable d'objets nous avons des rapports, des liaiſons, des beſoins : des rapports, qu'il faut concilier ; des liaiſons, qu'il faut cimenter ; des beſoins qu'il faut ſatisfaire. Peu capables de nous faire entendre dans toutes les circonſtances, la nature nous offre un moyen ſimple et facile ; c'eſt celui de la parole.

Voilà dans ce début laconique le fondement de toutes les langues. Vous verrez dans le cours de ces lettres l'enchainement merveil-

leux

leux dans l'invention d'une langue, qui n'eſt autre choſe qu'un aſſemblage de ſons articulés. Mais comme ces ſons par eux-mêmes, ſont vuides de ſens, les hommes ſe ſont accordés d'attacher telle ou telle idée à tel ou tel ſon. Ce ſont ces ſons qui ſont les ſimboles de nos penſées.

Si nous conſidérons la ſimplicité de la pa- role, comment la langue, ce petit membre peut former des ſons différens avec une facilité et une viteſſe égale à celle de nos penſées mêmes, facilité exempte de trouble et de fa- tigue, ſi nous conſidérons encore, que tous les objets même généraux peuvent être tipifiés, pour ainſi dire, par ces ſimboles, nous verrons que la nature a parfaitement contribué à l'économie de la ſociété.　　　L'idée

L'idée qui eſt attachée à un ſimbole, n'eſt point arbitraire après la convention faite. L'uſage établi érige cette convention en loi, et dès qu'elle eſt ſcellée de ſon ſceau, elle devient irréfragable. Ainſi le ſon, que forment ces ſix lettres, *ſ. o. l. e. i. l.* ſignifie ce grand aſtre lumineux, qui roule ſi majeſtueuſement ſur nos têtes, et qui préſide au jour ; il ne peut ſignifier, après la convention faite, cet autre corps opaque, qui emprunte ſa lumière du premier et qui préſide à la nuit.

Mais comme les choſes ſont ſouvent détruites par celles qui les ont fait naitre, l'uſage ſe détruit ſouvent ſoi-même. Un nouvel uſage uſurpe l'autorité du premier, le proſcrit, et s'arroge tous les droits d'un légitime poſſeſ-
ſeur.

feur. Voilà la fource du changement et de la
perfection des langues.

Sans aller fouiller dans les annales de l'antiquité, nous l'expérimentons tous les jours.
Les mêmes mots, les mêmes phrafes, qu'on re-
gardoit dans notre langue comme confacrés,
font devenus barbares, et nos arrière petits
neveux auront peut-être befoin d'un nouveau dictionnaire pour l'intelligence de notre
langue.

Ainfi changent les chofes. Rien de ftable.
Tout être matériel rentre enfin dans le néant.
Au milieu de toutes ces viciffitudes, une
feule chofe ne changera pas, tant que mon

B

individu

individu fubfiftera, c'eft la parfaite confidération, avec laquelle j'ai l'honneur d'être,

MONSIEUR,

*Votre très humble, très obéiffant ferviteur,*

* * *.

---

# LETTRE III.

MONSIEUR,

LE long filence que j'ai gardé jufqu'à préfent n'eft point un effet de mon indiffé-
rence à vous fatisfaire dans tout ce que vous
exigez de moi. Je ne fuis pas partifan du filencieux Pithagore. Je vous avouerai la vérité,
dût-elle bleffer mon amour propre.

J'ai

J'ai facrifié à une divinité étrangère. La pareffe a reçu mon encens : je ne lui fais pourtant
que de maigres facrifices.  Mais trêve d'apologie, vous êtes gracieux, vous n'en exigez
point.

La queftion que j'ai deffein de traiter, c'eft
de favoir fi Adam et Eve parlèrent un langage particulier avant leur chute.  Par langage particulier j'entens des fons articulés,
voilà l'état de la queftion ; et voici ma réponfe :
il étoit naturellement impoffible qu' Adam et
Eve proféraffent des fons articulés avant leur
chute, et par conféquent qu'ils parlaffent un
langage particulier.



Les

Les paroles font les fignes de nos penfées, fignes arbitraires mais non pas naturels. Sans doute que ces paroles, dont on fuppofe, qu' Adam fe fervoit, n'étoient pas des fignes naturels, nous nous en fervirions encore ; la même tradition qui nous a tranfmis leurs noms et leur tranfgreffion dans Eden, n'auroit pas manquéde nous tranfmettre ces fignes naturels.

Mais quel befoin aurions nous de cette tradition ? Ce qui fignifie naturellement une chofe, eft invariable. La fumée a de tout tems été un figne naturel du feu, et le fera toujours jufqu' à la fin des fiècles les plus reculés.

Il ſenſuit donc, que, ſi ces ſignes euſſent été naturels, jamais il n'y eût eu qu'une ſeule langue, qui ſe ſeroit multipliée dans tous les individus, que chaque individu l'auroit com⸗ priſe et parlée, que cette langue auroit été un attribut auſſi naturel à l'homme, que la fumée l'eſt au feu.

Il faut donc, que ces paroles aient été des ſignes arbitraires. Que s'enſuit-il de cette hipothèſe ? Ou qu' Eve ne comprenoit pas Adam, ou qu' il y eut une convention préa-lable, pour attacher telles ou telleſ idées à tels ou tels ſons. Le dilemme eſt également embaraſſant.



Dire

Dire qu' Eve ne comprenoit rien au langage d'Adam, c'eſt un paradoxe à tous égards. Soutenir qu'il y eut une convention, c'eſt une autre abſurdité auſſi ridicule que le paradoxe.

Une telle convention n'eſt pas l'ouvrage d'un jour, d'un mois, et même d'une année. L'Ecriture ſainte ne nous parle point de cette convention apocriphe, ni du tems que dura l'état d'innocence. Il y a des auteurs qui penſent, que cet état ne dura qu'un jour. Arrêtons ici nos conjectures. Je ne déciderai pas une choſe qui ſera toujours indéciſe.

Peut-être dira-t-on, que le Créateur lui-même donna un langage à l'homme, auſſitôt

qu'il

qu'il fortit du limon ; mais cette langue auroit été articulée, ce qui eft contradictoire ;
parceque les fons d'une langue articulée font
des fignes arbitraires, qui fuppofent une convention.

J'ai déjà montré, que les fons dont on fuppofe, qu' Adam fe fervoit, ne pouvoient pas
être des fignes naturels, ce qui prouve que
Dieu ne donna point de langue articulée à
l'homme.

J'ajouterai aux preuves précédentes, que la
parole articulée s'exprime par des fons, comment peut-elle donc fignifier naturellement
plufieurs chofes qui ne font point fonores, je
veux dire, qui n'ont point de fon? Ou, com-

B 4

ment

ment des chofes qui ne font point fonores, peuvent-elles être naturellement repréfentées par des fons? C'eft comme fi je difois: la couleur fignifie naturellement quelque chofe qui n'eft pas coloré, ou, quelque chofe qui n'eft point coloré, fignifie naturellement la couleur ; la parité eft égale.

C'eft une queftion de philofophie de favoir, fi Dieu peut attacher les fenfations des couleurs à l'organe de l'ouie, et les fenfations des fons à l'organe de la vue : cette queftion philofophique coïncide avec celle-ci qui eft à la portée du vulgaire : fi Dieu peut nous faire voir de nos oreilles, et entendre de nos yeux.

Je

Je ne prétends pas preſcrire des bornes à la toutepuiſſance divine, elle s'étend à tout ce qui ne renferme pas l'idée d'incompatibilité. Je ne ſais, ſi ces deux choſes ne ſont pas incompatibles. Je reſte pyrrhonien ſur cet article. Une choſe eſt certaine, c'eſt qu'il y a des objets, qui ne peuvent directement frapper nos ſens : tels ſont les êtres immatériels.

Quel ſon articulé pourroit repréſenter naturellement cet être, que nous appellons DIEU. Cet être, dont les tréſors ſont infinis, qui ne peut recevoir ni diminution, ni augmentation dans les biens qu'il poſsède, qui jouit d'une abondance qui ſe ſuffit à elle-même, qui poſsède, ſelon les différentes expreſſions de l'Ecriture, des fontaines d'eau vive,

vive, les tréfors de l'abîme de la mer, les tréfors des vents, les tréfors des nuées, les tréfors
des pluies, les tréfors des neiges et des grêles.
Cet être, qui réunit en lui-même, tout ce
qu'il y a de bien, la fainteté fans défaut, toutes
les graces fans laideur, toutes les forces fans
langueur, toute la gloire fans précipice, toutes
les clartés fans ombre, la joie fans déplaifir;
cet être qui pofsède une immenfité fans borne,
une éternité fans principe, une immutabilité
fans altération, une puiffance fans foibleffe,
une beauté fans difgrace, une bonté fans vice,
une fageffe fans erreur, une vérité fans men-
fonge, une providence fans furprife, une mi-
féricorde fans molleffe, une juftice fans cru-
auté, une fainteté fans tache. Cet être, qui
eft élevé fans fituation, répandu fans con-
tinuité,

tinuité, recueilli fans divifion, préfent par tout fans imprifonnement, hors de tout fans exclufion, traverfant tout fans mouvement, demeurant partout fans repos, alterant tout fans changement, agiffant partout fans travail, commençant tout fans principe, finiffant tout fans ceffation, en un mot, poffédant en lui feul le recueil de tous les biens imaginables fans la contagion des maux, qui les corrompent.

Adam affurément n'avoit pas de fon articulé, qui exprimât nuturellement cet être, dont je viens de faire une defcription très imparfaite.

Parmi

Parmi les objets matériels il y en a fort peu, qui frappent l'organe de l'ouie : entre ceux là il ne peut y avoir de rapport naturel avec les sons articulés, qui les experiment : entre ceux-ci, il peut y avoir un rapport, qu'on pourroit en quelque forte appeller naturel, c'eft lorfque les fons articulés, qui fervent à les exprimer, imitent, pour ainfi dire, le fon de la chofe qu'ils fignifient.

Les Latins appellent un canon BOMBARDA, dont la cadence exprime, en quelque façon, le bruit du canon. La première fillabe de MUGIRE en prononçant l'u comme les Alle- mands, eft une expreffion naturelle du beuglement bes beufs.

Nos

Nos verbes RUGIR, MIAULER, HURLER ont quelque rapport de son, avec les chofes que nous exprimons par RUGISSEMENT, MIAULEMENT, HURLEMENT.

Les Anglois expriment ces mêmes verbes par ROAR, MEU, HOWL, qui fe prononcent felon notre façon d'orthographier, RORE, MIOU, HAÖULE. Ces verbes font au moins auffi analogues aux chofes, que les nôtres ; mais, comme j'ai dit, ces rapports naturels font en petit nombre.

Il me refte encore quelques autres preuves analogues au filencieux habitant d'Eden : je les réferve pour la lettre fuivante ; celle-ci eft affés longue. Je n'y ajouterai que les

affurances

affurances de la parfaite confidération, avec

la quelle je ferai fans ceffe,

MONSIEUR,

*Votre très humble, très obéiffant ferviteur,*

* * *.

---

# LETTRE IV.

MONSIEUR,

DANS ma dernière lettre, j'ai tâché de prouver, que Dieu ne donna point un langage articulé à Adam, parceque les fignes en auroient été naturels.  L'abfurdité du conféquent montre la fauffeté de l'antécédent.

Une feule réflexion me refte à faire au fujet des fignes naturels : c'eft que la première langue, qu'on fuppofe, qui fe parla dans

Eden,

Eden, foit l'Hébraïque la Grecque, la Celtique, la Teutonique, ou quelque autre ne
pourroit pâs être appellée langue, puifque,
felon mon principe fondamental, toutes les
langues fe font établies par convention.

Les fons articulés font les fignes de nos
idées : par conféquent ces fignes font arbitraires, comme les fons d'une timbale, d'une
trompette, ou d'un tambour dans une armée,
qui n'ont aucun rapport naturel aux chofes,
qu'ils fignifient, et dont ils font fignes.

La parole articulée eût été une imperfection
de la nature innocente et fans tache, mais elle
eft à préfent une perfection de la nature corrompue et vitiée : elle eft un des plus beaux

appanages de l'homme bleffé dans fes facultés : elle eft l'interprête de fes befoins.

Quel befoin Adam avoit-il à fatisfaire dans l'état d'innocence, qui exigeât qu'il fe fervît de fons articulés ? Créé avec un empire abfolu fur tous les mouvemens de fon cœur, doué d'un efprit borné, à la vérité, au milieu d'une étendue fans bornes, mais enrichi de connoiffances, auxquelles nous n'arrivons, qu' après beaucoup d'étude et de réflexions, et que nous ne poffédons jamais dans un dégré auffi éminent. L'ange même n'avoit prefque rien audeffus de lui ; il étoit l'ange de la terre auffi bien que le roi.

La

La sueur de son front n'avoit pas besoin d'arroser ses travaux, et attentive à ses besoins la terre lui produisoit ses fruits et ses fleurs sans culture et sans soin; il ne trouvoit partout, où il promenoit ses regards, que des objets capables de flatter son innocente curiosité. Eve dont les attraits toujours nouveaux, lui préparoient toujours de nouvelles délices, partageoit avec lui les charmes d'un si heureux séjour. L'univers entier étaloit en tout lieu sa beauté naissante, et soumis à son auteur conspiroit au bonheur de son roi.

La faim, la fatigue, la soif, les maladies, enfin, tous les maux de la nature ne pouvoient altérer le bonheur de sa vie. Il n'eut pas besoin d'attendre une longue ex-

C

périence

périence pour connoitre les merveilles de la nature. Il n'eut point à essuyer les pleurs de l'enfance, les fougues de la jeunesse, les soins de l'âge viril, ni les incommodités de la vieillesse. La chair étoit soumise à l'esprit. Chaque chose étoit dans l'ordre. L'animal craignoit l'homme, et l'homme craignoit Dieu. Soumis aux ordres de son Créateur Adam joignoit l'adoration intérieur de son cœur à l'hommage tacite des créatures muettes, et sous un Dieu juste rien ne pouvoit le rendre malheureux, tandis que rien ne donneroit atteinte à son innocence.

Vous me pardonnerez, Monsieur, cette digression que je fais en faveur de mon hipothèse : elle étoit nécessaire pour vous faire

voir

voir l'état de perfection, dans lequel fut créé le premier couple, le plus heureux et le plus malheureux qui fût jamais. Le portrait que j'en ai fait, est audessous de l'original.

Le moindre coup d'œil, un geste, un mouvement, le silence même étoit expressif. Par leurs regards mutuels ils se fesoient une communication réciproque de ces tendres sentimens passionnés et innocens, inconnus à leur postérité : l'amour le plus pur les animoit.

Combien de fois n'avons nous pas vu des personnes ou accablées de tristesse, ou gémissant sous le poids d'une pauvreté accablante, dont les haillons qu'elles trainoient à leur suite, étoient plus expressifs, plus pathétiques que



tous

tous les difcours les plus fleuris fur la pauvreté ?
Les foupirs, les yeux abbatus, leur démarche,
tout jufqu' à leur maintien, et même leur filence nous fefoit voir leur état, leurs befoins
mieux qu'un langage articulé. C'eft que les
fenfations de la vue font plus vives, que celles
de l'ouïe. Si vous avez jamais aimé paffioné-
ment, vous pouvez favoir par expérience,
combien le langage muet des cœurs eft élo-
quent et expreffif : mais, par malheur, la
mode en eft paffé : les grimaces, les difcours
flatteurs et féduifans ont pris fa place.

Je reviens à nos innocens cultivateurs. Ce
couple ainfi afforti n'eut pas befoin d'expref-
fions articulées pour fe communiquer fes ardeurs mutuelles, ardeurs toujours marquées

au

au coin de l'innocence.  Heureux s'ils euf-
sent toujours perfévéiés à rendre le tribut qu'ils
dévoient à l'auteur de leur exiftence,  de leurs
plaifirs et de leurs joies.  Leur désobéiffance fit
naitre tous nos maux : le moindre eft la néceffité de nous exprimer par des fons articulés.

La parole eft une fuite du péché : nous
n'avons pas ces facilités de nous faire entendre
par des fignes, qui furent l'appanage de l'innocent Adam, il nous faut des fignes artificiels et
articulés : le befoin les a inventés, le befoin
les maintient, et le caprice les varie, les
change, les introduit à fon gré.

Adam n'avoit point de liaifon dans le féjour d'innocence, qui demandât un verbiage

 auffi

auffi inutile que gênant. Son Dieu, fon époufe, voilà les deux objets qui occupoient toute fon attention, tous fes foins. Dieu entend le langage du cœur, celui-là même eft le principal langage : fans lui tout ce verbiage de prières que nous marmotons fouvent fans attention, eft plutôt une infulte qu'un hommage. Eve lifoit dans les yeux d'Adam les tranfports de fon ame.

Rien que le préjugé peut combattre des conjectures fi vraifemblables, fondeés fur des preuves fi fenfibles et fi convaincantes. Vous favez, Monfieur, et je vous en ai averti, ce ne font pas des preuves géométriques, mais dans des queftions de fait de cette nature, que pouvons nous faire, que de hazarder des probabilités ?

Ceux

Ceux qui s'imaginent qu'Adam parloit avant fa chute, font-ils fondés fur des preuves plus folides ? Vous me répondrez qu'ils font fondés fur l'Ecriture. Mais je tâcherai de vous faire voir qu'ils ne peuvent s'autorifer de l'Ecriture fur ce point de fait. Ce n'eft pas la place d'en parler ici : ce fera le fujet d'une autre lettre.

Ne croyez pas, Monfieur, que j'aie deffein d'éluder toutes les objections, que l'on peut propofer contre mon opinion : je leur rendrai tout l'honneur qu'elles méritent : j'ai celui d'être,

MONSIEUR,

*Votre très humble, très obéiffant ferviteur,*

* * *.

# LETTRE V.

MONSIEUR,

JE crois avoir aſſés prouvé dans mes lettres précédentes un fait, qui de lui-même
eſt fort ſtérile en preuves. La diſtance des
tems et des lieux ne nous permet pas d'en
trouver d'auſſi convaincantes, que celles d'un
problême de géométrie. Toutes les autres
que je pourrai vous marquer dans la ſuite,
ſont analogues et ſubſéquentes aux premières.

Après avoir établi qu'Eve et Adam ne parlèrent pas un langage articulé avant leur chute, il
eſt aiſé de conclure, que les ſignes dont ils ſe ſervirent, leur tenoient lieu de langage : ils étoient
auſſi expreſſifs, que le ſont nos mots inventés
par le beſoin, établis par l'uſage, changés, al-
térés

térés par la viciſſitude des tems, auſſi bien que par le caprice et par l'amour de la nouveauté.

Ces ſignes leur étoient naturels, ſans être articulés, nos mots ſont factices ; leurs ſignes étoient univoques et ſincères, nos mots ſont ſouvent équivoques, et le cœur n'eſt pas toujours d'accord avec la bouche ; leurs ſignes étoient le ſimbole de ces chérubins gardiens de l'arche ; qui ſe regardoient mutuellement, et dont le langage muet étoit plus expreſſif que les himnes, que les Hébreux chantoient à l'honneur de leur libérateur.

Heureux ſi nos premiers parens euſſent perſévéré dans cet état d'innocence, mais de tout tems l'amour de la nouveauté a occaſionné des révolutions.

Eve

Eve avoit un cœur, elle étoit curieufe, c'étoit affés pour devenir criminelle. Réfractaire au précepte le plus facile, elle veut gouter d'un fruit qui lui paroit agréable à la vue ; elle étoit libre ; elle veut favoir s'il eft également doux au gout.

Un arbre eft planté dans Eden, il porte des fruits qui contiennent la fcience du bien et du mal. Séduite par l'exemple du ferpent, Eve s'imagine pouvoir en gouter impunément, malgré la défenfe faite à Adam.

Ne vous imaginez pas, Monfieur, que cette tentation fe foit faite par le moyen d'un dialogue entre Eve et le ferpent. L'exemple feul fuffit pour frayer le chemin aux crimes les

plus

plus atroces ; perſuaſion ſouvent plus forte, que tous les diſcours les plus ſéduiſans et les plus perſuaſifs. Et ſurtout quand le cœur eſt d'intelligence, on ne marchande plus ; le premier pas ne coute rien ; on entre dans la carrière, et ſouvent on devient criminel ſans preſque penſer au crime.

Le ſerpent, à qui aucun fruit n'étoit défendu, et qui auſſi bien que tous les autres animaux ſe nouriſſoit des biens que la nature avoit produits, ſe repaiſſoit d'un fruit qui étoit défendu à nos premiers parens, ſans autre raiſon peut-être, que pour éprouver la fidélité et l'obéiſſance de ce couple heureux.

Eve

Eve voyant que le serpent en mangeoit sans mourir, s'imagina que la mort ne seroit pas la conséquence de son crime, que d'ailleurs elle se procureroit une connoissance, qu'elle n'avoit pas alors. Enivrée de cette idée flatteuse et chimérique, elle porte une main chancelante sur le fruit défendu, mais l'espérance trompeuse de l'impunité la rassure, elle le cueille, elle en goute.

Satisfaite de sa curiosité, elle en va présenter à Adam. Ce premier homme si complaisant pour la première femme, ne justifie que trop nos penchans pour un sexe aimable et enchanteur : il fit par complaisance dans le paradis, ce que nous fesons souvent sur la terre par inclination.

Sans

Sans penfer aux fuites fatales de fa défo-
béïffance, ou plutôt, abufant des droits de fa
liberté, il accepte le préfent perfide, et pour
comble de forfait, il le met à la bouche et en
mange. Voilà l'époque trajique de nos malheurs.

A l'inftant fes yeux s'ouvrent à fon crime.
Ces fignes qui étoient fi expreffifs, par lefquels
Eve pouvoit lire les tranfports et les mouvemens du cœur de fon mari, font déformais
équivoques. Il voudroit articuler des fons
plaintifs et lugubres, il ne fauroit: fa langue
ne peut proférer les remords de fon cœur.
Son abbatement, fon état humiliant, fon air
trifte et morne, les foupirs, que fais-je? tout
l'attirail d'un criminel et d'un malheureux

parlent

parlent affés et font voir à Eve l'exces de fa douleur.

Adam connoit fon crime, il en gémit : il lui refte une reffource ; la fuite : il la faifit, et il fe cache : mais le Dieu vengeur le pourfuit.

Les monftres irrités, qu'il avoit ves autrefois fouples, et dociles flatter fon innocente curiofité, ne reconnoiffent plus leur roi, ils rugiffent autour de lui, et vengent les premiers la plus noire ingratitude. Les fombres nuages obfcurciffent le flambeau de fa raifon. Le ciel eft d'airain. Au lieu d'un agréable printems, il voit fuccéder l'hiver et fes frimats. Les épines bleffent. Le feu s'élance. Toute la nature fe mutine et fe révolte. Le paral-

lèle

lèle de fes misères préfentes avec fa félicité paffée lui caufe les plus grandes amertumes.

Héritiers trop malheureux de ce père prévaricateur, nous n'éprouvons, que trop, les fuites funeftes de fon péché. Son crime fit tous nos malheurs. Affligeante réflexion! Je la quitte et je reviens à l'auteur de nos maux.

Ses fens font obfcurcis, la perception n'eft plus la règle infallible de fes connoiffances, un nuage épais fe répand fur fes yeux. La diftance des objets lui en ôte la connoiffance. La nature a pour lui des miftères. La vengeance divine marche à fes traces et lui marque une affreufe deftinée, qu'il entrevoit dans l'amertume de fon ame.

Eden.

Eden n'eſt plus ſon paradis, c'eſt le théâtre de ſa déſobéiſſance ; c'eſt auſſi celui de ſes malheurs. La terre eſt déſormais le lieu de ſon exil, terre maudite dans ſes productions. Le beſoin lui montre la néceſſité de la cultiver.

Croire et ſoutenir, qu'il y eut un dialogue après la chute, entre Dieu, Adam, Eve et le ſerpent, eſt une ſuppoſition erronée, fondée, je ne ſais, ſur quel préjugé. Dieu a-t-il beſoin d'articuler des ſons pour juger des coupables, pour punir des criminels ? Non ſûrement : la conſcience du tranſgreſſeur ſuffit toute ſeule pour lui faire voir l'énormité de la tranſgreſſion. Voilà la voix de Dieu ; elle parle au fond de nos cœurs.

D'ailleurs

D'ailleurs n'eſt-ce pas avilir la majeſté divine, que de la faire entrer en converſation avec deux réfractaires, et même avec un animal tel que le ſerpent ? Il eſt vrai, l'Ecriture rapporte que Dieu parla à l'animal ſéducteur et à la femme ſéduite, mais elle met les œuvres de Dieu au niveau de nos foibles lumières. J'en parlerai plus amplement, quand je répondrai aux objections dans une autre lettre.

Je me ſouviens d'avoir lu, que St. Ambroiſe croyoit que le ſerpent avant ſa condamnation marchoit comme l'homme et qu'il parloit comme lui, Hébreux ſans doute, puiſqu' Adam parloit cette langue, ſelon les partiſans de cette opinion, diſons mieux, de cette chimère.

D

Qui

Qui auroit donc appris au ferpent à parler Hébreu? Dieu, fûrement, ne lui avoit pas donné
cette faculté-là, il ne l'avoit pas de lui-même.
Cette fuppofition ridicule prouve que la tentation eft une conféquence de l'imitation, et
non pas de la perfuafion.

Pour éviter tout ce labirinthe de difficultés,
plufieurs s'imaginent que le perfuafif tentateur n'étoit rien moins qu'un animal, ils tran-
chent le neud gordien et foutiennent que ce
fut le diable lui-même, cet ange de tenèbres
que Dieu précipita au fond de l'abîme.

Jaloux de ce qu'un homme goutât des plaifirs,
bienfaits de fon créateur, dont il avoit été
privé, lui qui étoit une intelligence célefte,

prit

prit conseil du désespoir et du dépit, et se ré-
solut d'envelopper cet homme dans une ruine
commune. Pour cet effet il prend la forme
du serpent, et ainsi déguisé il va trouver la
femme, et l'engage par des discours séduisans
et des promesses flatteuses à enfreindre la loi
du Créateur.

Cette supposition est bonne pour un poëme
épique, elle fait naitre des episodes. Le divin
Milton qui l'a si heureusement mise en usage
ne croyoit pas que ce fût une vérité, non plus
que le voyage qu'il fait faire à Satan au travers
des nües. Le philosophe n'étoit pas d'accord
avec le poëte. Il est permis au dernier de
donner l'essor à son Imagination. Tel est
aussi le privilège des peintres.

D 2 ———— Pictoribus

———————— Pictoribus atque poëtis

Quidlibet fingendi femper fuit æqua poteftas.


En parlant de privilèges, permettez que j'aie

celui de me dire et d'être conftamment,

MONSIEUR,

*Votre très humble, très obéiffant ferviteur,*

* * *

———————————————————

# LETTRE VI.

MONSIEUR,

JE me fuis engagé à répondre aux objections qu'on s'imagine pouvoir tirer de l'Ecriture contre mon fentiment. Je dégage ma promeffe.

L'Ecriture

L'Ecriture eſt la règle de notre foi, c'eſt la parole de Dieu, parole infiniment reſpectable ; elle porte l'empreinte de la divinité : parole écrite par des hommes inſpirés, dictée par l'Eſprit ſaint, ſouvent mal interprêtée, toujours le bouclier de chaque ſecte et de chaque religion. On la martiriſe pour ainſi dire.

Vous le ſavez, Monſieur, les antropomorphites alloient chercher dans les livres ſacrés des preuves de leurs erreurs. Je ne prétends pas faire l'énumération des autres ſectes, elles rempliroient ſeules un volume *in folio*. L'Ecriture ſainte ne contient point d'erreurs, mais les ſottiſes de l'eſprit humain ſont ſans nombre ; et la plûpart ſont des ſottiſes rarement amuſantes, ſouvent dangereuſes, preſque toujours ridicules. D 3 La

La première objection qu'on peut tirer de l'Ecriture paroit fondee fur ce qu' Adam dit à Eve, *voilà l'os de mes os et la chair de ma chair.*

A celà je réponds qu' Adam ne prononça pas ces paroles, mais Moyfe les écrivit fous la dictee de l'efprit faint, qui fąns doute avoit fes raifons trop impénétrables à la foibleffe de l'homme.

Adam pouvoit-il favoir, que cet objet nouveau fût effectivement une partie de lui-même ? Il n'en eut pas la moindre connoiffance. Dieu fit cette opération pendant le fommeil d'Adam, et le fommeil, difons nous ordinairement, eft l'image de la mort ; comment donc Adam pouvoit-il deviner, qu'Eve eût été tirée d'une

de

de ſes côtes ? Dira-t-on qu'il le ſut par inſpiration ? Mais pourquoi multiplier les miracles ſans néceſſité ?

A la vérité Adam eut pour elle toute la tendreſſe, qu'un époux épris de la plus forte et innocente paſſion peut avoir pour ſon épouſe. Ses regards, ſes raviſſemens, ſes tranſports, ſes extaſes à la vue d'un objet ſi charmant, ne le prouvoient que trop ſenſiblement : la nature elle même nous en fournit la raiſon.

De tous les ouvrages de la création, il n'y en avoit point qui eût plus de rapport à l'homme que la femme. Son air, les traits de ſon viſage, ſa démarche majeſtueuſe, toute fa perfonne fefoit voir en elle une compagne mieux affortie, que tous les animaux.

Ce qui fonde cette conjecture, c'eft qu' après avoir vu tous ces derniers Adam, dit l'Ecriture, *ne trouva point d'aide pour lui.* Il n'eft donc pas étonnant que femblable au premier homme, Eve attira dans l'inftant toute fon affection.

De là nous pouvons conjecturer, que Moyfe rapporte ces paroles pour nous faire voir l'amour et l'affection qu'un homme doit avoir pour fa femme. Ces paroles font encore aujourdui le fimbole de l'amour que Jefus Chrift a pour fon eglife.

Une

Une autre objection que l'on peut tirer de l'Ecriture, eſt fondée ſur les noms qu' Adam impoſa aux animaux et aux oiſeaux après les avoir fait paſſer en revue comme un inſpecteur fait paſſer en revue une troupe de ſoldats; à une différence près, c'eſt que les derniers ne ſont pas tous bêtes et que les autres ne ſont pas tous quadrupèdes.

Le reſpect que j'ai pour tout ce qui porte l'empreinte de la divinité, me preſcrit des bornes; je ne les paſſerai pas. Une réponſe ſérieuſe et ſolide détruira cette objection ridicule priſe dans un ſens littéral.

Que penſer du ſilence de l'Ecriture ſur les noms qu' Adam donna aux plantes, aux ar-

bres,

bres, et à toutes les autres productions de la nature, qui entrent, aussi bien que les animaux et les oiseaux, dans l'économie de la création ? Ne peut-on pas conclure que l'Ecriture, en ne parlant que des derniers, nous a voulu faire entendre que par les noms imposés, elle entendoit quelque chose d'allégorique ?

Combien d'exemples n'avons nous pas où il faut s'écarter du sens littéral ? A chaque page de l'Ecriture et surtout de la Genèse, nous ne pouvons entendre littéralement des choses qui feroient non seulement basses et triviales, mais incompatibles avec l'idée que nous avons de la divinité.

Les

Les antropomorphites interprétoient l'Ecriture littéralement, de là ils se firent un Dieu corporel, ils lui attribuoient des pieds, des mains, des yeux. Voilà les dangers, et les suites d'une interprétation littérale de tous les passages de l'Ecriture.

Ceux qui voudroient interpréter littéralement les scènes qui se pafsèrent entre Dieu, Adam, Eve, et le serpent, ne changeroient pas, à la vérité, un miftère en une opinion dangereufe pour la foi, mais ils en feroient une ridicule traji-comédie dont la fcène feroit à Eden.

N'eft-ce pas avilir la majefté divine, que de dire que Dieu fe promena réellement dans le jardin ?

jardin ? Qu'il appella Adam ? Comme s'il eût eu befoin de s'informer d'une chofe qu'il ignoroit, ou comme fi quelque chofe étoit inconnu à un être, dont l'eſſence eſt la lumière, et qui en eſt revêtu comme d'un vêtement.

L'Ecriture nous dit que le Créateur fit les ouvrages de la création en fix jours, qu'après chaque production de fa puiſſance, il fcella de fon approbation l'ouvrage produit, en difant qu'il étoit bon, et qu'après le fixième jour il fe repofa.

Quelles abfurdités ne s'enfuivroient pas, fi dans tout ceci nous fuivions le fens littéral ? qu'il y a en Dieu fucceſſion, repos et mouvement.

Dieu

Dieu n'a point parlé en produifant les ouvrages de la création. L'acte de fa volonté fut Créateur, et le monde fortit du néant. Dieu dit par un feul acte de fa volonté, *que la lumière paroiffe, et la lumière parut.* Moyfe rapporte ces fublimes paroles, parce qu'elles donnent une haute idée, et de la puiffance du Créateur, et des ouvrages de la création.

D'ailleurs il n'y a en Dieu, ni repos, ni mouvement. Préfent partout par fon immenfité, il agit toujours par fa puiffance. Le moucheron qu'il conferve, eft un acte de création continuelle, comme le moucheron qu'il produit, eft une création momentanée ; l'une et l'autre entrent dans l'économie de la toute puiffance divine.

L'Ecritur

L'Ecriture en nous donnant une description tion si variée, et si détaillée de la création se met à la portée de nos foibles conceptions. Borné de toutes parts l'esprit de l'homme ne peut atteindre aux chofes divines.

Les œuvres de Dieu font des énigmes pour nous. Nous les voyons des yeux du corps, mais ce n'est que la superficie. Les refforts de la production nous font inconnus. La nature a fes miftères, non moins impénétrables que ceux de la religion. Notre raifon doit plier fous la foiblefle de fes lumières.

Si Adam avoit impofé des noms aux animaux, il eft probable qu'il en auroit impofé aux autres ouvrages de la création. L'Ecri-

ture

ture n'auroit pas manqué de nous le marquer : elle fe tait fur cet article. Delà il eft aifé de conjecturer, que par les noms, elle entend cette autorité, cette puiffance, ce pouvoir, que le chef d'œuvre des merveilles du tout puif- fant devoit exercer fur ces êtres irraifonables deftinés à fes plaifirs, auffi bien qu' à fes be- foins. Le droit d'autorité renfermé dans fon idée celui d'impofer des noms.

On peut encore entendre par les noms qu' Adam impofa aux animaux, la revue qu'il en fit, pour voir s'il ne trouveroit point un aide femblable à lui, ce qui femble confirmer cette conjecture, c'eft le texte que j'ai rapporté en répondant à la première objection.

Les

Les partifans de l'hipothèfe que je combats difent qu' Adam impofa des noms convenables à la nature de chaque animal, deforte qu'un lion eut une dénomination qui montroit fa férocité. Suppofition auffi baroque, qu'elle eft infoutenable et contraire au bon fens.

Les noms des animaux furent impofés, felon eux, avant la chute. Comment donc Adam pouvoit-il impofer un nom au lion, au lion, au tigre et aux autres animaux féroces qui montrât leur nature et leur férocité? puis que cette dernière qualité n'eft qu' une fuite du péché. L'homme s'étoit révolté contre Dieu, l'animal fe révolta contre l'homme, et la révolte d'un être privé de raifon, contribua à punir la révolte d'un être raifonnable.

Adam

Adam pouvoit-il prévoir fon péché, et les fuites qui en réfulteroient ? Toutes fes connoiffances réunies ne pouvoient lui faire deviner ce qui étoit caché dans les tréfors de la fcience de Dieu. Si donc Adam ne pouvoit percer les fombres voiles de l'avenir, la conféquence eft encore la même, il s'enfuit qu'il ne pouvoit impofer des noms analogues à la nature des animaux.

Ces noms feroient encore aujourdui en ufage fuivant l'hipothèfe de ceux qui interprètent littéralement ce paffage, ces noms n'étoient point paffagers ; Adam, dit l'Ecriture, nomma le nom de chaque animal, et c'étoit fon nom, nom permanent fans doute et qui devoit paffer dans la poftérité,

E　　　　　Suivant

Suivant ce fentiment, il falloit qu' Adam changeât ces noms après fa chute, puifque nous n'avons plus les mêmes, et que le lion et quelques autres animaux étoient devenus féroces ; ainfi le premier nom n'étoit plus analogue. Quel labirinthe de difficultés, d'hipothéfes infoutenables, dans l'opinion que je combats !

Sans doute que nos interprètes matéri-aliftes s'imaginent, que Dieu articula ces paroles parlant aux poiffons de la mer : *croiffez et multipliez-vous*, c'eft ainfi que l'Ecriture le rapporte ; au lieu qu'il n'y a rien de fi digne de la majeflé divine, que d'entendre par-là, que Dieu donna aux poiffons une propenfité, un inftinct, qui les

portât

portât naturellement, suivant l'économie de leur nature, a la propagation de leur espèce.

Ceux qui prétendent trouver dans ces paroles un commandement, pouffent trop loin l'abfurde et le ridicule pour mériter une réponfe.

Quant à l'homme à qui on fuppofe que ces paroles aient été addreffées, foutenir que c'eft un commandement, c'eft abufer de la crédulité publique, et lui en impofer par des fuppofitions démenties par l'expérience. Nous en trouvons la fauffeté dans notre propre cœur.



Adam

Adam fans doute n'étoit pas créé pour partager feul les agrémens d'Eden, et s'il n'eût pas péché, il auroit eu une poftérité par la voie de la génération, et comme cette voie n'eft pas criminelle dans les poiffons, ni dans les animaux, elle n'eût pas été criminelle dans l'homme, qui reçut le même privilège fcellé des mêmes paroles.

Pour cet effet Adam n'avoit pas befoin d'un commandement pour remplir les deffeins de Dieu. La nature étoit un guide fûr. Ève réuniffoit en elle tous les attraits qui pouvoient toucher fon cœur. Des appas céleftes brilloient dans fes yeux, et comme l'aimant attire le fer, le cœur d'Eve attiroit celui de fon cher époux. Dieu les avoit créés *mâle et femelle*, voilà le dénouement de ce prétendu précepte : Ils n'avoient qu'à fuivre naturellement le penchant de leur cœur. La vue excitoit les défirs, les défirs tendoient à l'action, et le cœur étoit d'intelligence.

Encore moins à préfent, dans l'état de la nature corrompue, avons nous befoin de commandement qui nous enjoigne la propagation. Je ne ferai point de glofe fur cet article, c'eft une propofition, qui n'a pas befoin de commentaire. J'obferverai feulement, que s'il y a un tel précepte, il eft le plus fidèlement et le plus généralement fuivi. Voici la raifon, je n'en ajouterai point d'autre, il flatte la nature et fes loix.



Oferai-

Oferai-je vous prier, Monfieur, de me faire favoir le réfultat de mes lettres. Vous les avez fait voir à vos amis. Je ferai charmé de profiter de leurs lumières auffi bien que des vôtres, communiquez-les-moi; duffent-elles fronder mon opinion. Jufqu'à préfent vous m'avez laiffé fuivre le fil de mes obfervations, fans m'en dire votre fentiment.

Quel peut être le motif de votre filence plus que pithagoricien? La nouveauté de mon opinion a-t-elle allarmé les préjugés? Le fait eft poffible; quoiqu'il en foit, faites moi le favoir, et s'il eft vrai que vous ne faites que de maigres facrifices à la pareffe, je me flatte que vous déroberez quelques momens de vos occupations pour m'affurer du fuccès de

mes

mes lettres dans l'efprit de votre petit cercle d'amis.

FRISESOMORUM * a long tems ufurpé l'empire du bon fens : je me fouviens d'en avoir lu avec plaifir l'éloge funèbre. Que ne pouvons nous triompher avec le même fuccès de quelques autres préjugés ? Le Chancelier Bacon les appelloient fort énergiquement, DES IDOLES. Quelle honte pour la raifon ! Mais, voici le comble de l'extravagance, on les adore.

Celui qui entreprend de deffiller les yeux d'une populace idolâtre, doit être prêt au combat. On arme de tous côtés contre lui. Les

* *Ariftote.*

F 4　　　　　aveugles

aveugles mêmes deviennent des héros, et quoiqu'ils ne voyent goute, ils frappent à tort et à travers : leurs coups ne portent pas toujours, mais enfin leur fureur eſt aſſouvie.

Je m'écarte de mon ſujet : j'en reprendrai le fil. Permettez auparavant que je vous aſſure, que le préjugé ne fit jamais naitre, et ne diminuera jamais les ſentimens d'eſtime avec leſquels j'ai l'honneur d'être,

MONSIEUR,

*Votre très humble, très obéiſſant ſerviteur,*

***.

LETTRE

# LETTRE VII.

MONSIEUR,

VOS éloges font flatteurs. Perfonne ne fait louer avec tant d'art. Quelles conquêtes ne devez-vous pas faire dans le monde féminin !

Vous me demandez un éclairciffement ultérieur fur le prétendu dialogue d'Eve et du ferpent, fur la chute et fes fuites. Pour ne rien vous laiffer défirer fur cette matière, je vais tâcher de vous donner des preuves convaincantes que le ferpent ne parla point à Eve.

D'abord, ou c'étoit un ferpent naturel, ou le démon travefti en ferpent : fi c'étoit un ferpent naturel, il ne parloit pas : fuppofer

avec Saint Ambroife qu'il parloit, c'eft fuppofer des chofes plus miftérieufes que les
miftères mêmes. Suppofons qu'il parloit,
quel intérêt avoit ce ferpent de tenter Eve?
Quels motifs pouvoit-il avoir de la faire déchoir
de fes privilèges ?

Affés rufé pour la tentation, ce rampant
animal l'auroit-il été moins pour prévoir les
fuites qu'auroient fes perfuafions artifi-
cieufes ? Les fefeurs d'hipothèfes peuvent-
ils fuppofer l'animal tentateur affés ennemi de fon individu, que pour être l'inftrument
des malheurs dans lefquels il s'envelopperoit
lui-même ? Laiffons toutes ces fuppofitions
ridicules; l'opinion qui les fait naitre, l'eft
encore davantage.

C'étoit

C'étoit donc un démon travefti en ferpent. Autre abfurdité: opinion ridicule à tous égards. Les partifans des préjugés ne voyent-ils donc pas, que c'eft déroger à la bonté du Créateur que d'introduire l'ennemi de l'homme dans le lieu le plus agréable de la terre, pour en faire un lieu detentation, de crime et de châtimens ? Qui auroit donc introduit ce démon ? Milton le fait paffer au travers des airs, mais ce paffage n'a pas plus de réalité, que la confultation infernale qui le précéda. Dans l'un et dans l'autre le poëte fait voir la fécondité de fon imagination.

Diront-ils, que Dieu permit au démon de fe traveftir en ferpent, et de tenter l'heureux couple jufque dans le féjour de fa félicité ?

mais

Mais cette fuppofition ne s'accorde pas avec l'idée d'un Dieu bienfefant, qui venoit de combler l'ouvrage de fes mains des dons de la nature et de la grace. Cette fuppofition eft injurieufe à Dieu ; elle en feroit un être bizarre et contradictoire qui ne combleroit de bienfaits, que pour faire marcher les plus rudes châtimens à leurs fuites. Ce n'eft pas ainfi que Dieu fe joue de fes dons : ils font fans regrets.

D'ailleurs la condamnation que l'on fuppofe avoir été lancée par des fons articulés contre le ferpent, détruit cette fuppofition et en démontre l'abfurdité.

Si

Si Dieu avoit permis au ſerpent de tenter nos premiers parens, pourquoi l'auroit-il condamné à ramper ſur ſon ventre, et à manger de la pouſſière tous les jours de ſa vie ? Une choſe permiſe n'eſt jamais punie par les loix. Les légiſlateurs ne puniſſent jamais une choſe qu'ils permettent. Dieu le plus juſte, le plus ſage, le plus éclairé des légiſlateurs auroit-il donc condamné le ſerpent pour une choſe ſcellée de la permiſſion divine ?

Cette condamnation tombe ſans doute ſur le principal auteur de la tentation. Le ſerpent n'étoit point coupable de ce que Satan avoit pris ſa forme. Les brebis ne ſont point reſponſables, ſi, ſelon la figure de l'Evangile, une quantité de faux prophêtes ſe revêtent des

apparences

apparences de brebis, et ne font dans le fond que des loups raviffans. Je pourrois éclaircir ceci par d'autres comparaifons, mais les fimilitudes font furperflues, où les raifons font folides et convaincantes.

Il faut donc, que ce foit le démon qui ait été l'objet de cette condamnation. De-là il fenfuit, que les partifans des préjugés avouent, que ceci doit s'entendre allégoriquement. Nous ne voyons point de démon ramper fur le ventre. Ou il faut qu'ils difent, que c'étoit un ferpent naturel, ce qui n'admettent pas eux-mêmes, parce qu'il feroit aifé de conclure, que la tentation ne s'eft pas faite par le moyen d'un colloque entre Eve et le ferpent, à moins qu'on ne dife avec Saint Ambroife, que le ferpent

parloit

parloit avant la chute de l'homme : qualité qu'il conferveroit encore ; d'autant plus que l'Ecriture ne dit pas qu'il en fut privé. Laiffons cette fuppofition dans la claffe des ridicules.

Il s'enfuit de tout ce que j'ai dit et de tout ce que rapporte l'Ecriture à ce fujet, que cette tentation et ce fuppofé dialogue doivent s'entendre allégoriquement.

Quant à l'animal qui par fon exemple excita la curiofité d'Eve, et fut la première caufe de la chute d'Adam, je crois que c'étoit un Serpent naturel. Je n'admets point de miftère, où il n'eft pas néceffaire.

L'Ecriture

L'Ecriture dit que ce ferpent étoit le plus rufé de tous les animaux, je n'entreprendrai pas de déterminer en quoi confiftoit fa rufe : qualité dont il eft bien déchu ; et fi nous en croyons les fabuliftes, le renard ne lui cède pas, et même l'emporte fur lui en fait de rufe.

S'il eft permis de deviner, ne pourroit-on pas dire que l'épithète de rufé ne fut donnée au ferpent, qu'en conféquence du choix qu'il fit du fruit de l'arbre de la fcience du bien et du mal, préférablement à tout autre ?

Sans doute que les animaux pouvoient fe nourrir indifféremment de tous les fruits qui étoient plantés dans le jardin d'Eden. La défenfe ne fut faite qu'à Adam et à Eve, dé-

fenfe

fenſe écrite au fond de leurs cœurs. Deſtitués de raiſon les animaux n'étoient point ſuſceptibles d'une pareille prohibition dans le choix des alimens qui devoient leur ſervir de nourriture. La nature étoit leur loi, l'inſtinct leur guide.

Le ſerpent choiſit préférablement à tous les autres un fruit, qui étoit beau à la vue, et agréable au gout. Peu m'importe de ſavoir, ſi ce fut une pomme véritable : ce n'étoit pas une, telle que les poëtes feignent qu'on trouve dans le jardin des Heſpérides. C'étoit un fruit, auquel on donne communément le nom de pomme. Je vous ai déjà dit, qu' Eve vit le ſerpent manger impunément de ce fruit, qu'elle fut tentée de ſatisfaire ſon gout après

<table><tr><td>F</td><td>avoir</td></tr></table>

avoir satisfait sa vue. En conséquence elle en prend, en mange, et en présente à Adam.

L'Ecriture pour nous donner une vive description de ce grand évènement, qui produisit encore de plus grandes révolutions, nous fait voir sous l'emblême d'une conversation entre Éve et un serpent les dangers de la flatterie, qui glisse son venin imperceptiblement comme cet animal rampant, souvent caché sous des fleurs. Emblême trop naturelle d'un flatteur.

Elle nous représente les suites de l'ambition et d'un désir immodéré de s'élever à des connoissances audessus de la sphère d'un simple mortel.

L'Esprit

L'Efprit faint a fes vues, il nous inftruit par des paraboles.  Il falloit celà pour les Hébreux, ils en étoient jaloux.  L'Ancien et le Nouveau Teftament font pleins de ces paraboles.

Je quitte les figures allégoriques.  C'eft dans le fens le plus littéral, que j'ai l'honneur d'être,

MONSIEUR,

*Votre très humble, très obéiſſant ſerviteur,*

* * *.

# LETTRE VIII.

MONSIEUR,

UNE preuve est souvent l'avant-coureur d'une autre : elles se réunissent à l'établissement d'une hipothèse soutenue par des conjectures vraisemblables. Le fondement étant solide, l'édifice l'est en conséquence.

Après avoir prouvé, que l'innocent cultivateur ne proféra point de sons articulés, qu'il n'y eut pas de dialogue entre Eve et le rampant animal, il est aisé d'expliquer les suites de la première chute de l'homme.

Déchu de ses privilèges l'apostat d'Eden cherche à se cacher dans un coin du jardin, qu'il venoit de fouiller par une lâche ingratitude ;

tude ; il reconnoit fa nudité : il la couvre de feuilles de figuier. Il commence à fentir vivement fes befoins, et la raifon lui fournit les moyens d'y pourvoir et de les fatisfaire.

L'Ecriture dit que Dieu fe promena dans le jardin, qu'il appella Adam par fon nom, qu'il s'informa du lieu de fa retraite et de fa fuite. Adam lui répond : *Seigneur, j'ai eu peur de vous, et je me fuis caché de votre face. La femme que vous m'avez donnée pour compagne, m'a trompé.* Dieu en demande la raifon à Eve. *Le ferpent m'a feduite,* répond elle. *Parceque,* dit Dieu au ferpent, *tu a trompé la femme, tu ramperas fur ton ventre* . . . . Et à la femme : *tu enfanteras avec douleur* . . . . Et enfin à l'homme : *tu mangeras ton pain à la fueur de ton*

F 3

*front,*

*front*, et quoiqu'elle arrofe tes travaux, la terre te produira des ronces et des épines.

Que penfez-vous, Monfieur, de cette fcène fi intéreffante et fi pathétique ? Dieu agit-il ainfi avec les foibles mortels, qui ofent tranfgreffer fés loix ? non fûrement. Maitre abfolu des deftins, fes voyes font immuables. Il n'a pas befoin de faire entendre une voix articulée pour parler au pécheur, et lui reprocher fon ingratitude. Le bruit de fon tonnerre intimide le tranfgreffeur de fes loix, fes propres remords achêvent de le confondre.

L'Efprit faint nous repréfente les conféquences inévitables d'une tranfgreffion, qui devoit avoir des fuites fi naturelles. Rien de

plus

plus naturel, que de rejetter les fautes les uns
fur les autres.  On aime à trouver l'apologie
de fes crimes dans l'exemple, ou dans la perfuafion d'autrui.

Adam qui rejetta la faute fur Eve, celle-ci
qui la rejetta fur le ferpent, montrèrent dès-
lors, quelles font les reffources de l'amour
propre et d'une confcience agitée par les remords.  Comme la punition fuivit immédi-
atement le crime, il n'eft pas furprenant, que
ces deux malheureux tâchaffent de fe juftifier
devant la voix de Dieu, qui parloit au fond de
leurs cœurs.

Si les châtimens étoient aujourdui auffi
éclatans, et qu'ils marchaffent à la fuite de la

tranfgreffion, on ne verroit pas tant de tran-
quiles fcélérats.  Une partie du monde feroit
fans ceffe des reproches à l'autre.

Sans doute que nos premiers parens fe fervirent de ces reffources fi naturelles au pécheur.  Leurs regards triftes et abbatus, les
fanglots, les foupirs ne furent que des échos
trop fidèles, et de leurs reproches réciproques,
et de leur apologie imaginaire.

La terre qui devoit produire fes fruits et fes
fleurs fans culture, fi l'homme eût perfévéré
dans la foumiffion, et la dépendance qu'il devoit à l'auteur de fa félicité, fe couvrit de
ronces et d'épines.  La ftérilité fe répandit fur
elle, et privé de fes privilèges l'homme devoit

la

la cultiver. Tout celà eft une fuite du péché, et le moment qui vit l'homme coupable, le vit foible, deftitué, malheureux. Le travail devint fon appanage.

Eve qui avoit contribué au malheur d'Adam, devoit en partager les fuites avec lui. Compagne inféparable des plaifirs de fon mari dans Eden, elle le devoit être de fes travaux fur la terre frappée de ftérilité.

Au milieu de ce tourbillon de maux, l'homme étoit encore fait pour gouter des plaifirs : celui de fe voir reproduit dans des individus, fut celui qui flatta le plus fenfiblement le cœur d'Adam. Tout y contribuoit. Sa propre foibleffe et fon penchant ; il étoit homme. La

beauté

beauté d'Eve et son sexe; elle étoit femme. La nature fut leur légiflateur et leur modèle ; la terre le champ de leurs plaifirs et de leurs travaux.

Les enfantemens douloureux font une fuite naturelle de la propagation de l'efpèce humaine. Qui fait fi Eve n'eût pas enfanté avec douleur, même dans le jardin de délices. Les maux de l'enfantement, felon l'Ecriture, ne furent que multipliés. Je paffe rapidement fur ces queftions abftraites et métaphifiques.

Les douleurs de l'enfantement ne font qu'une petite punition en comparaifon de cette inondation générale de maux qui fe répandirent fur la face de la terre. Les femmes fub-

iffent

iſſent volontiers ces douleurs pour jouir du plaiſir de ſe voir mères. Cette aſſertion n'a pas beſoin de gloſe, auſſi ne fais-je que l'indiquer.

Une autre queſtion analogue aux précédentes reſte encore à éclaircir. C'eſt la condamnation du ſerpent. Il fut condamné à ramper ſur le ventre, et à manger de la pouſſière tous les jours de ſa vie, il ne rampoit donc pas auparavant, et ne mangeoit point de pouſſière. Voilà comme on raiſonne et la conſéquence eſt juſte : je la tire de même. Tout ce que je prétends, c'eſt qu'il n'y eut point de ſon articulé, ni de la part du Dieu condamnateur, ni de celle du ſerpent condamné.

La

La conféquence que j'ai tirée, a fait croire à quelques pères de l'églife, que le ferpent marchoit droit comme l'homme. Cette opinion ne paroit pas affés fondée, je n'y puis foufcrire. Ce qu'il y a de probable, c'eft que le ferpent ne rampoit pas, au moins toujours. Le refte eft douteux.

Ne pourroit-on pas dire avec fondement, que le ferpent s'élevoit quelquefois en l'air, et fe foutenant fur la terre comme fur une bafe, qu'il s'élançoit par un mouvement progreffif ? Quoiqu'il en foit, je ne déciderai rien fur cet article. Tout ce qu'on en peut conclure, c'eft que, comme j'ai dit, ce ferpent n'étoit pas un démon travefti.

Dieu

Dieu auroit-il condamné le démon à ramper fur le ventre, à manger de la pouffière tous les jours de fa vie ? Un efprit pur n'eft fûrement pas propre à ce manège. Dieu ne l'auroit-il pas plutôt renvoyé dans fon lieu de ténèbres. L'Ecriture fainte auroit-elle gardé le filence fur un fait auffi effentiel à l'hiftoire trajique de la chute de notre premier père, dont chaque particularité devoit être fi intéreffante à fes defcendans ?

D'ailleurs fi cette condamnation ne tombe que fur le ferpent, voilà le moins coupable, ou plutôt l'innocent puni, et le principal auteur de tous maux Satan échape à la punition. Dira-t-on, qu'il fut également puni ? Mais en quoi ? L'Ecriture n'en dit mot. Il eft

certain

certain qu'il ne pouvoit pas ramper fur le ventre, manger de la pouffière tous les jours de
fa vie, être maudic entre tous les animaux de
la terre, et que par conféquent il ne pouvoit
être l'objet de la condamnation : elle devoit
naturellement tomber fur celui qui pouvoit
ramper, manger de l'herbe, vivre avec les
animaux. — Voilà un labirinthe. C'eft aux
partifans des fictions à en fortir.

Vous voyez, Monfieur, rien de fi fimple,
rien de fi plaufible que ma façon d'expliquer la
chute et fes fuites. Si mon opinion n'eft pas
évidente, elle a du moins l'avantage fur toutes
les autres d'approcher de la probabilité. Met-
tez en parallèle les raifons de part et d'autre,
vous êtes fans prévention. Décidez. Je de-
vine

vine déjà de quel côté panchera la balance.
La nouveauté de mon fiftème ne peut effrayer
que le préjugé.   La raifon l'approuve, le bon
fens y foufcrit.

La tête du ferpent eft l'emblême du péhé.
Voilà le dénouement de ces paroles : *et une
emme t'écrafera la tête.*

Par cette femme, les interprêtes entendent
ordinairement la Vierge Marie qui par fa
conception furnaturelle du Verbe incarné a détruit le péché figuré par la tête de cet animal
qui, par fon exemple, fut l'occafion de la
chute d'Adam.

Voilà,

Voilà, encore un coup, une interprétation allégorique. Perſonne, je m'imagine, dans l'opinion que je combats, eſt aſſés dépourvu de ſens commun pour expliquer ces mots littéralement, qu'une femme devoit écraſer la tête du démon. C'eſt pourtant ce ſens littéral, que ſont obligés d'admettre les partiſans des préjugés, qui s'imaginent que cet eſprit ténébreux étoit le tentateur.

Dans leur hipothèſe, point d'autre reſſource que le ſens allégorique, et c'eſt le ſeul dans cette hipothèſe qui ſoit plauſible, s'ils veulent ſe mettre à l'abri de toutes les abſurdités les plus groſſières.

Mon

Mon fiftème a cet avantage, que fans m'é-carter du fens allégorique, je puis fuivre le fens littéral. Sans doute qu'un ferpent rampant fur fon ventre devoit être quelquefois expofé à être foulé aux pieds. Ce phénomène n'eft pas extraordinaire.

Quelque demonftratives et convaincantes que foient plufieurs de mes preuves, elles n'approchent pourtant pas de la certitude de l'attachement le plus inviolable avec lequel je ferai toujours,

MONSIEUR,

*Votre très humble, très obéiſſant ſerviteur,*

* * *.

G      LETTRE

# LETTRE IX.

MONSIEUR,

AVANT que de fuivre les fugitifs exilés d'Eden, un paffage de l'Ecriture analogue au grand évènement, qui fuivit leur exil, me femble avoir befoin d'éclairciffement. Je crois avoir fuffifamment prouvé par des preuves pofitives et negatives qu'il n'y eut point de colloque entre Dieu, Adam, Eve et le ferpent, que tout ce que rapporte l'Ecriture à ce fujet, doit s'entendre allégoriquement.

Je n'ai point prétendu me diftinguer par des paradoxes, encore moins par des preuves abftraites et métaphifiques, unique reffource des amateurs du fens littéral. Lifez leurs interprétations

tions ; quelle gêne, quelle torture dans l'expli-
cation d'un phénomène si simple en lui-même!

Rebutés par un vaste cahos de difficultés et
d'obscurités, qui sont à la suite du sens littéral,
quelques-un sont entièrement rejetté ce dernier
sens, et ont tout expliqué, même la chute,
dans un sens allégorique.

Egalement éloigné et d'une vaine présomption,
et d'une téméraire audace, j'ai pour les divines
Ecritures toute la vénération, qu'exige l'autorité la plus respectable. Je n'ai donc garde
de révoquer en doute, ni la fidélité de l'his-
torien, ni la vérité de l'histoire. Je ne suis point
du nombre de ces prétendus esprits-forts dont
la société fourmille, et dont tout le mérite

           consiste

confifte à éviter un abîme imaginaire, pour fe jetter dans mille et mille abîmes réels. Pour ne pas croire un miftère inconçevable, ils fuivent aveuglément des erreurs incompréhenfibles.

Oui, Monfieur, ma foible raifon pliera toujours fous l'autorité fouveraine. Quoi, difoit-un ancien philofophe, nous ne connoiffons pas ce qui rampe à nos pieds, et fpectateurs oififs des merveilles du Tout-puiffant, nous voulons fonder fes profonds abîmes.

La chute de notre premier père eft un miftère incompréhenfible en fes fuites; l'incarnation du Verbe, la rédemption du genre

humain

humain le font en elles-mêmes. A l'étendue
de ces miftères je reconnois les bornes de
l'empire de la raifon, je crois, je refpecte,
je révère et me tais.

Cet epifode n'eft point un hors-d'œuvre.
Il peut fervir au moins d'apologie et à mes
lettres et à ma croyance. Je reviens au paffage
de l'Ecriture qui fait l'objet de cette lettre.

Je demande aux amateurs du fens littéral
dans tout ce que rapporte la *Genèfe*, s'ils entendent littéralement ce paffage où il eft dit,
que Dieu mit à l'entrée du paradis un chérubin
armé d'un glaive flamboyant. Sans doute
qu'ils l'admettent. Je n'en fuis pas furpris.
Ceux qui aviliffent la Majefté divine jufqu'à



G 3                    lui

lui faire proférer des fons articulés à un ferpent, ne fónt pas plus fcrupuleux dans l'expli-
cation de ce dernier paffage.


Mais je leur demanderai ; cette porte étoit
elle d'or, d'argent, de cuivre ou d'airain ?
Pouvoit-elle fe fermer ?  Dieu avoit-il befoin
d'un de fes anges pour en garder l'entrée ?
Ce factionnaire célefte avoit-il befoin d'un
glaive pour foutenir fon pofte? Ce glaivé
étoit-il d'une trempe divine ? L'ange devoit-
il refter longtems en faction ? Quel enchainement de queftions ! elles font ridicules, je
l'avoue, l'opinion qui les fait naitre, l'eft encore davantage.


On

On refute souvent une absurdité, sans d'autres preuves, que de montrer les absurdités qui en découlent naturellement.

Un chérubin naturel armé d'un glaive naturel à l'entrée du jardin d'Eden feroit une figure bizarre. Le bon sens ne peut digérer une si absurde hipothèse. Mais le peuple est rempli de préjugés. Le merveilleux le frappe. L'extraordinaire l'éblouit,

Dieu peut changer les loix de la nature, j'en conviens ; elle est entre ses mains : il peut faire paroitre des phénomènes extraordinaires à nos yeux, je l'avoue ; sa puissance n'a point de bornes : et comme je vous l'ai

G 4

déjà

déjà dit, elle s'étend à tout ce qui ne renferme pas l'idée d'incompatibilité.

Selon cet aveu, qui eft celui de la raifon et du bon fens, je ne révoque point en doute la poffibilité du fait, mais j'en nie la réalité. Vous le favez, Monfieur, de la poffibilité au fait, la conféquence n'eft pas jufte.

Ainfi donc, par ce chérubin armé, j'entends la juftice de Dieu qui exila l'ingrat époux avec fon ingrate époufe, d'un lieu qui venoit d'être le théâtre de leur ingratitude et de leur défobéiffance.

Que Dieu ait fait paroitre des fignes extraordinaires à ce grand évènement, c'eft ce que

je

je ne nierai pas : il eſt même probable qu'il y

en eut, pour montrer aux coupables toute la

noirceur de leur crime. La révolut·on géné-

rale, et les changemens ſubits qui ſe font faits

dans toute la nature, n'étoient-ils pas des

ſignes aſſés viſibles d'un Dieu courroucé con-

tre le genre humain ? Oui, toute la nature a

gémi ſous d'étranges métamorphoſes.


Après tout, quand même il ſeroit vrai qu'un

Ange fut poſté à l'entrée d'Eden, avec un

glaive flamboyant, ce phénomène ne prouve-

roit rien en faveur de l'hipothèſe que je com-

bats. Tout ce qu'on en peut inférer, c'eſt

qu'il y a un ſens littéral dans quelque choſe

d'analogue à la chute d'Adam. Mais ce ché-

rubin qui ne dit mot, ne prouve pas qu'il y

ait

ait eu un colloque articulé entre Dieu, Adam, Eve et le serpent.

Je crois avoir expliqué aſſés ſuccinctement ce qui arriva dans un lieu où ſe paſsèrent les ſcènes les plus intéreſſantes au genre humain. Dans la lettre ſuivante, je ſuivrai le coupable cultivateur hors d'Eden.

Vous voyez, Monſieur, je ne crains pas de vous ennuyer. Je jouis librement du droit que vous m'avez donné ſur votre complaiſance : j'en conçois l'idée la plus agréable, et je me flatte que vous avez autant de plaiſir à lire mes lettres, que j'ai de ſatisfaction à vous les écrire.

Soyez

Soyez perſuadé que je m'efforcerai de ne pas abuſer de vos bontés : je vous en donne ma parole. Mes promeſſes, vous le ſavez, ſont des réalités.

Une choſe n'eſt pas moins réelle ; c'eſt l'attachement parfait avec lequel j'ai l'honneur d'être,

MONSIEUR,

*Votre très humble, très obéiſſant ſerviteur,*

***.

LETTRE.

# LETTRE X.

MONSIEUR,

JUSQU'ICI mes lettres ont eu pour objet d'établir qu'il n'y eut point de sons articulés, proférés dans le paradis terreftre. A
préfent je quitte Eden pour fuivre nos illuf-
tres exilés dans le lieu de leur exil. C'eft
là que fut tracé le plan de la parole, par conféquent de la première langue.

Chaffés du paradis par la juftice de l'Etre
fuprême, pourfuivis par leurs remords, ils quit-
tent leur féjour de délices, pour aller habiter
et cultiver une terre qui étoit devenue ftérile.
Les regrets, les larmes, les foupirs et les fanglots marchent à leur fuite.

Ce

Ce fut pour la première fois, que leurs yeux jufque-là ouverts et occupés à contempler les beautés naiffantes de l'univers forti du néant, s'ouvrirent pour contempler le trifte ravage qu'avoit fait leur péché. Preffés par le befoin, et ne pouvant plus faire ufage de ces fignes fi naturels et fi expreffifs de leurs penfées réciproques, ils reconnurent la néceffité d'inventer des fons articulés. La nature leur en fit trouver les moyens.

La langue eft le membre le plus propre à former des fons. Bientôt nos parens en formèrent pour exprimer les chofes les plus néceffaires ; et comme leurs befoins réciproques n'étoient pas en grand nombre, les termes dont ils fe fervirent, ne le furent pas non plus : mais cette invention

invention de termes ne s'eſt faite que par degrés.

Ils auroient peut-être pu marquer ce qu'ils penſoient par des geſtes, comme on dit que les muets du Grand-Seigneur ſe parlent et s'entendent, même dans la plus grande obſcurité, en s'entretrouchant de différente manière. Mais la facilité d'exprimer par des ſons articulés ce qu'ils voyoient d'étrange, leur fit inventer des mots, et l'empreſſement qu'ils eurent de ſe parler, fit qu'ils ſe ſervirent des premiers termes qui ſe ſont préſentés.

Sans doute que leurs premières paroles furent les échos de leurs plaintes. Il eſt naturel à un malheureux de ſe plaindre. Les ſou-

pirs

pirs font les interprètes de nos chagrins. Le langage d'un cœur affligé fe répand fur les lèvres. Ce que les grammairiens appellent *interjeĉtions*, font les conféquences naturelles qui en découlent : pour les articuler, nous n'avons pas befoin de maitre ; c'eft le langage du cœur.

Inftruit à l'école de l'adverfité, Adam n'eut befoin d'autre pédagogue pour lui apprendre à articuler les triftes accens de fes peines, que de lui-même. L'affliĉtion eft éloquente, et jamais deux cœurs affligés ne fe parlèrent plus éloquemment, que par ces monofillabes et ces exclamations pathétiques, fidèles échos de leurs chagrins réciproques.

Les

Les premiers mots qui furent donc inventés pour être les signes de nos penſées, ce
ſont les interjections. On commence à dé-
plorer ſon malheur, on en cherche le remède
après avoir eſſuyé ſes pleurs. Voilà l'économie naturelle du cœur humain ſous le poids
de la triſteſſe.

Si vous avez jamais gémi ſous un malheur
accablant, votre expérience ſervira de preuve,
votre propre cœur en ſera garant. Vous
cherchates à vous conſoler : reſſource naturelle à un malheureux : ce fut celle d'Adam.

Les interjections, les exclamations pathétiques ne furent pas longtems les lieux com-
muns d'un entretien mutuel entre nos pre-

miers

miers parens. Ils cefsèrent de faire des lamen-
tations. Ils virent que la nature les avoit
formés pour le plaifir, le cœur s'y livre naturellement ; et fans autre *prémotion*, ils en fui-
virent les attraits.

Faits pour peupler la terre d'habitans, ils
fe livrèrent aux impreffions du plaifir, et
l'heureufe fécondité de la mère des vivans
produifit un nombre de nouveaux cultivateurs.
Les plaifirs s'émouffent dans la jouiffance.
Des befoins naiffent ; il y faut fubvenir.

La terre étoit ftérile, et rien qu'une culture
arrofée de fueur pouvoit lui rendre fa fécondité.
Adam s'arrache d'entre les bras du plaifir et
foumet fon cou au joug du travail. De nou-



veaux

veaux termes font néceſſaires pour exprimer ſes beſoins : le plaiſir lui en avoit fourni ; le travail n'a pas été moins inventif.

La néceſſité, vous le ſavez, eſt la mère des arts. N'eſt-elle point celle des langues ? Sans doute que ce fut elle qui fit naitre la première.

Quelle eſt cette première langue ? Quelle en eſt la dénomination ? Voilà une énigme ; pluſieurs ſe font imaginés l'avoir devinée.

L'opinion commune eſt que Dieu en créant Adam et Eve leur a donné une langue, pour pouvoir s'exprimer et s'entendre mutuelle-ment. Cette opinion a été réfutée dans mes

lettres

lettres précédentes. Les auteurs de cette opinion difent que cette langue fut l'Hébraique. Paradoxe. Rien que le préjugé a donné naiffance à cette hipothèfe fabuleufe, que l'Ecriture n'autorife nullement, et que le bon fens défavoue.

Jean Pierre Ericus, dans un livre imprimé à Venice, foutient qu' Adam a parlé Grec et que la langue Grêque eft la première. Les raifons qu'il en donne, font au moins auffi ridicules que fon fentiment eft abfurde.

Pfammeticus, roi d'Egipte, fept cens ans avant l'incarnation du Verbe, au rapport d'Hérodote fit nourrir deux enfans dans une maifon féparée, fans que perfonne leur parlât.

<table>
<tr><td>H 2</td><td>Au</td></tr>
</table>

Au bout de deux ans les enfans prononcèrent le mot *Bekos* ou *Bicos*, qui en langue Phrigienne signifie *du pain* ; d'où Pfammeticus conclut que le langage des Phrigiens étoit naturel, qu'Adam par conféquent parloit la langue Phrigienne.

Un Anglois pourroit plutôt fe prévaloir de de cette hiftoire où de cette fable. Le premier de ces deux mots approche plus de l'Anglois que du Phrigien : les mots, *beg us*, ont plus de rapport à *Bekos*, que *Béké* qui eft le mot Phrigien. *Beg us* eft prefque exactement prononcé en Anglois comme *Bekos*.

Becanus, prétend que le Hollandois fût la première langue. Ses raifons font à peu près

auffi

auffi pitoyables, que celles des autres auteurs qui ont voulu décider cette queftion indécife.

Le docteur Swift, prouve que c'eft l'Anglois, mais il plaifante, et la manière burlefque dont il traite cette queftion, montre le ridicule de tous ceux qui veulent dater l'origine et l'antiquité de leurs langues, du premier période de la création du premier homme.

Mr. Rowland Jones, dans un livre imprimé ici, en 1764, prouve fort férieufement qu'Adam parloit Celtique, ou Gallois; que par conféquent la langue Celtique ou la Galloife eft la plus ancienne et la première de toutes les langues.

H 3

Les

Les enfans de Japhet, dit cet auteur, se séparèrent des autres avant l'entreprise de l'édifice de vanité et vinrent en grand nombre s'établir en Europe, dans cette partie qui est habitée par les Gallois.

Si l'on suppose les hommes susceptibles d'intérêt, comme ils l'ont toujours été et le feront toujours, pourquoi ces héritiers de la prévarication d'Adam auroient-ils quitté les trésors de l'Asie, pour venir habiter les sombres forêts de l'Europe ? Les bords de l'Euphrate et du Tigre avoient des attraits pour ces nouveaux colons qu'ils ne pouvoient naturellement se promettre ailleurs.

Quel

Quel intérêt ces defcendans de Japhet auroient-ils pu avoir de fe féparer de leurs compatriotes, de leurs parens et de leurs plus
chers amis ? Quels motifs auroient-ils pu fe
propofer de quitter un féjour qui avoit des
agrémens pour eux, un pays dont ils con-
noiffoient les avantages et la fituation, pour
venir s'établir dans un pays inconnu, inculte,
montagneux et qui aujourdui même, malgré
la main laborieufe du cultivateur, n'eft pas à
beaucoup près le pays le plus agréable et le
plus fertile de l'Europe ?

N'auroient-ils pas choifi pour le lieu de
leur habitation une contrée riante, fertile et
agréable ? N'auroient-ils fixé leur demeure
dans un pays limitrophe plutôt que dansun pays
lointain ?   H 4   Un

Un si long voyage ne se fait pas sans des difficultés presque insurmontables. Le projet peut paroitre plausible d'abord ; mais des obstacles sans nombre, naissans sans cesse les uns des autres rebutent le voyageur fatigué et l'arrêtent au milieu de son entreprise.

On a trouvé l'art de dompter les vagues de la mer, ou au moins, malgré la fureur de ses flots irrités, on a su se faire une route d'un pole à l'autre : mais dans ces siècles barbares où sauvé du déluge le genre humain n'étoit encore que dans son berceau, les hommes ne savoient que vivre, cultiver la terre et se multiplier.

Quand on réfléchit sur la longueur du trajet, et comment sortis nouvellement tout informes

formes des mains de la nature ces hommes auroient été capables d'entreprendre et d'exé-cuter un fi long et pénible voyage, fans pro-vifions, fans deffein, fans intérêt, fans aucune vue fixe, on reconnoit la ridiculité du pro-jet et l'impoffibilité de l'exécution.

Ainfi ce prétendu voyage paroit être une fable, inventée et adopté par tous ceux qui datent leur langue de l'état d'innocence et qui prétendent qu'elle s'eft confervée incor-ruptible jufqu'au déluge, et même après le changement du langage de toute la terre aux bords de l'Euphrate.

Moins hardi à avancer des paradoxes, je ne m'arrêterai pas à rechercher la dénomination

de

de la langue que parlèrent nos premiers parens et leurs defcendans. Ce n'étoit point une langue qui eût une dénomination particulière. Les langues ne furent diftinguées par des noms particuliers, qu'après que les enfans de préfumption eurent formé le téméraire deffein d'élever une haute tour, monument de leur vanité, et qu'ils furent difperfés fur la face de la terre.

Dans la fuite j'aurai occafion de vous parler de la confufion qui fe mit dans la langue des ouvriers de Babel. Je n'ajouterai rien autre chofe à cette lettre, finon que je fuis fans réferve et le ferai toujours,

MONSIEUR,

*Votre très humble, très obéiffant ferviteur,*

* * *.

# LETTRE XI.

MONSIEUR,

DANS ma dernière lettre j'ai confidéré Eve et Adam feuls et ifolés pour ainfi dire ; et de l'économie naturelle de leurs remords, de leurs plaifirs et de leurs befoins, j'ai conclu celle de leur langue.

Les interjections, les monofillabes furent les premiers fons articulés, enfuite le plaifir fit naitre d'autres fons, et le travail donna naiffance à une troifième forte de termes. Le befoin fe multiplie, les termes fe multiplient auffi. Un nouveau befoin fait naitre un nouveau terme.

A préfent

A préfent notre petite famille fe multiplie. L'hiftoire de la propagation du genre humain eft l'hiftoire des langues. Caïn eft le premier fruit des amours de nos nouveaux habitans de la terre, trifte héritier de leurs plaifirs et de leurs peines.

Dieu continue à bénir la fécondité d'Eve, bientôt nait un autre héritier auffi malheureux que le premier, Abel partage avec fon frère le travail, appanage de l'homme prévaricateur.

L'un s'applique au labourage, Caïn cultive la terre : l'autre promène fes peines en gardant des troupeaux, Abel devient pafteur : l'un et l'autre offrent des facrifices à Dieu.

Sans

Sans doute que ces deux nouveaux colons furent les inventeurs de nouveaux termes. Nouvelles occupations nouveaux befoins, nouveaux mots, tout celà fuit naturellement.

L'envie même, premier monftre auteur du premier meurtre, ne manqua pas de termes pour affouvir fa noire fureur. Une converfation douce et infinuante eft l'avant-coureur d'un forfait, une promenade en eft le moyen.

Caïn parle à fon frère, Abel foufcrit à la propofition, l'innocent berger fuccombe fous le coup du cultivateur. La terre gémit pour la première fois de voir couler le fang d'un frère, verfé par un autre frère.

Dieu

Dieu pourfuit le meurtrier ; un crime fi grand ne peut pas refter impuni. Chaffé par fes remords du lieu de fa naiffance, errant et fugitif fur la terre Caïn cherche un afile, et *Nod* lui fert de retraite. Fils et frère également dénaturé il devient père d'une race nombreufe et malheureufe ; Hénoc eft fon premier né ; celui-ci engendra Hyrad qui devint lui-même père d'une nombreufe poftérité.

Je quitte la généalogie du premier meurtrier, et je reviens à celle de l'exilé d'Eden.

A peine Adam avoit-il vécu cent trente ans, qu'il fe vit un autre fils moins malheureux que les premiers. Seth à fon tour engendre *des fils et des filles.* Bientôt la terre eft peuplée d'un monde d'habitans. Le

Le genre humain continue-t-il à fe multiplier ? Les langues fe multiplient avec lui. Ce
qui prouve cette conjecture, c'eft que la foci-
été devenant plus nombreufe, à proportion que
la population augmente, le même canton ne
peut fuffire à une fi vafte multitude d'habitans.
Chacun fe retire dans les lieux qui n'étoient
pas encore habités, où il pouvoit vivre avec fa
femme, fes enfans, et règner feul.

La terre ayant donc été comme partagée en
différens états et empires, il s'eft fait différentes langues. Il n'étoit pas poffible, que
des peuples éloignés fous différens climats in-
ventaffent les mêmes termes et parlaffent un
même langage. De-là je conclus qu'il y eut
fur la terre autant de différentes langues que
de contrées.                                    Il

Il est probable que ces nouveaux peuples ne gardèrent aucune règle dans l'invention de leurs langues. Les mots sont arbitraires. Les termes les plus simples sont les plus natutels. La nature, dit le P. Lamy, porte à cette simplicité. Plus le discours est court, mieux il répond à l'ardeur que nous avons de dire ce que nous pensons. L'allongement des sillabes est une corruption.

Enthousiastes jusque dans leurs expres-expressions, les Italiens ont des mots de quatorze sillabes. *Arcischiribbizzevolissimevolemente* signifie chez eux, le plus capricieusement du monde. Plus simples dans leur langue les Chinois n'en ont que d'une sillabe.

Un

Un même mot peut se diversifier en plusieurs manières ; par la transposition, par le retranchement ou l'addition de quelque lettre, par le changement de la terminaison, &c.

Les Anglois entre autres nations Européennes ont plusieurs de ces mots. Je n'en citerai que deux exemples: FRIEND, chez eux signifie, ami. FRIENDLY, avec amitié. FRIENDLESS, sans amis. FRIENDSHIP, amitié. WATER, signifie, de l'eau. To WATER, arroser. WATERING, l'action d'arroser. WATERISH, aqueux. WATERY, humide, plein d'eau. Cette économie des langues est naturelle.

De-là il est aisé d'inférer que les premiers descendans d'Adam se contentèrent d'inventer

I

des

des mots simples, qu' enfuite ils en firent des dérivés, et qu'ayant trouvé un mot pour être le figne de leur penfée, ils s'en contentèrent, fans aller chercher un nouveau terme.

A quoi fert, dit le P. Thomaffin, dans la préface de fon Gloffaire, d'avoir mille noms pour fignifier *une épée*, et quatrevingts pour *un lion*, comme ont les Arabes ?

L'abondance de termes n'eft pas toujours une preuve de la richeffe d'une langue. Si la langue Angloife n'avoit que la première, elle ne feroit pas auffi forte et harmonieufe qu'elle l'eft. Mais outre que les termes en font abondans, ils font expreffifs, forts, énergiques et concis.

Jaloux

Jaloux encore du nom de liberté, les Anglois
en étendent les droits fur le langage. Ils l'en-
richiffent tous les jours de quelque nouveau
terme ; quand il ne fe trouve point dans leur
île, ils l'importent du continent. Dès que ce
nouveau mot eft expreffif, élégant et harmonieux, il eft naturalifé.

Moins libre dans le choix de nouveaux
termes, ou plutôt forcé de fe foumettre aux
caprices de la coutume, le François eft réduit
à fe fervir quelquefois de détours et de circon-
locutions. Telle eft la loi bizarre de l'ufage.

Je m'y foumets auffi bien qu'à cette loi
douce et agréable que votre générofité m'a
impofée ; elle eft l'exercice le plus flatteur de



ma

ma liberté : c'eſt d'être avec l'attachement le

plus inviolable,

M O N S I E U R,

*Votre très bumble, très obéiſſant ſerviteur,*

* * *.

---

## L E T T R E   XII.

M O N S I E U R,

L'ORDRE que les premiers deſcendans du premier cultivateur gardèrent dans l'invention de leurs langues, eſt naturel. L'art n'y eut point de part.  La nature étoit leur guide.

Ils eurent d'abord peu d'égard à l'harmonie, à la force, à la majeſté ou à l'élégance de leurs mots.  A meſure que la neceſſité ou le haſard

leur

leur fourniſſoit un terme, elle en conſacroit l'uſage.

Je ne prétends pas faire la généalogie de toutes les langues qui ſe parlèrent juſqu'au déluge. Arrêtons ici nos conjectures. Scrupuleux à n'écrire que du probable, je ne le ſuis pas moins à ne pas haſarder des paradoxes.

Peut-être que la première de toutes les langues s'eſt conſervée dans la famille de Seth, parmi un certain nombre de fidèles que l'Ecriture appelle *les enfans de Dieu*. Mais quel fut ſon ſort ? Celui de toutes les autres langues. Le caprice ſouvent plus que la raiſon en eſt le ſouverain légiſlateur.

  L'inconſtance

L'inconstance des hommes, et l'amour de la nouveauté les changent à leur gré. Aussi voyons nous que les peuples les plus inconstans, et les plus amateurs de la nouveauté, ont introduit dans leurs langues les plus grands changemens ; ajoutons à celà, que la perfection des arts et des sciences n'y a pas peu contribué.

Les pays où ils font en honneur et où ils fleuriffent le plus, ont aussi le plus innové dans leur langue : la France et l'Angleterre en font des preuves. La Ruffie commence à paroître fur la fcène littéraire : elle cherche les arts et les fciences, elle les invite et les comble de bienfaits. Pronoftic infaillible que la langue fe perfectionnera avec la réforme de la barbarie

des

des Moſcovites. Je quitte le Nord, et reviens à mon ſujet.

Enfans du caprice ou du beſoin les mots
ſont ſujets à leurs viciſſitudes, et avant qu'un
déluge d'eau ne lavât un déluge d'iniquités, la
première langue n'étoit déjà plus.

J'en trouve la preuve dans la cronologie ſa-
crée. Les cataractes du ciel ne s'ouvrirent
pour inonder la terre, que 1656 ans après la
création. Dans cette multitude de ſiècles re-
pliés les uns ſur les autres, quelles viciſſitudes
dans les meurs ! Mais ſurtout, quels changemens dans les langues !



Non

Non seulement la différence des humeurs, la diversité des climats, mais encore l'amour de la nouveauté introduit des changemens dans les langues, je ne dis pas au bout de mille ans ; cinq cens ans suffisent quelquefois pour les rendre méconnoissables.

Notre François est tout différent de celui qui se parloit il y a trois siècles : dans l'un et dans l'autre on reconnoit une mère commune du changement, c'est le caprice ou le besoin. Que ne feront-ils pas dans trois autres siècles ? Issues de la même origine les langues sont sujettes au mêmes changemens.

Il est donc probable que *les descendans de* Seth, et surtout ceux de Caïn que l'Ecriture

appelle

appelle *les enfans des hommes*, établirent de nouveaux mots, qu'ils en rebutèrent d'autres, et
qu'ils introduifirent de nouvelles manières de
parler qui changèrent entièrement le langage,
et qui en firent un nouveau dans la fuite des
années. Chaque colonie avoit le même privilège. Delà la multiplicité des langues.

Soutenir qu'il n'y eut qu'une langue jufqu'au déluge, c'eft foutenir que l'homme n'eft
pas inconftant, que la différence des tempé-
ramens et des climats, la diverfité des mœurs
et des intérets n'influent pas fur les langues,
c'eft foutenir qu'une multitude inombrable
d'hommes, éloignés les uns des autres, encore plus par leurs fentimens que par la diftance des lieux, ont pu convenir de l'ufage de

tels

tels ou tels mots, c'eſt ſoutenir que diviſés pour tout le reſte, ils ſe ſont néanmoins ac-cordés dans la choſe la plus capricieuſe, enfin c'eſt ſoutenir un paradoxe.

Toutes les langues ont été enſévelies dans les eaux avec leurs auteurs, et *parceque toute chair avoit corrompu ſa voye*, Dieu extermina par un déluge univerſel toute la race impie, à la réſerve de huit perſonnes. Noë et ſes en-fans échapent à la vengeance divine. La langue qu'ils parlèrent n'étoit pas l'Hébraïque, ni aucune de celles qui ſe flattent de la prio-rité, comme je le prouverai encore dans la ſuite, malgré toutes les preuves que j'ai déjà rapportées.

J'oſe

J'ofe me flatter que vous n'en exigez point pour être perfuadé, que perfonne n'eft plus que moi,

MONSIEUR,

*Votre très humble, très obéiffant ferviteur,*

* * *.

## LETTRE XIII.

MONSIEUR,

JE reprends fans préambule le fil de ma derniére lettre. Les preuves naiffent les unes des autres.

Les huit perfonnes font-elles affranchies du déluge ? Elles peuplent la terre d'un monde nouveau, auffi déréglé que ce monde ancien qui venoit d'être enféveli dans les ondes. Ils

font

font complot de laiſſer à tous les ſiècles à venir, un monument de leur inſolence, de leur vanité et d'élever une tour juſqu' aux nues. Entrons dans un petit détail.

Affranchis des eaux les enfans de Noë ſortent de l'arche. Partout où ils promènent leurs regards, la terre ne leur offre qu'un vaſte déſert dépouillé de fruits et d'habitans. Le deſſein de la repeupler paroit animer leurs premiers ſoins. La population entre dans l'économie de la Providence divine.

Deux ans après le déluge, Sem ſe voit un fils, et Arphaxad trente cinq ans après peuple la terre d'un nouvel habitant. Trente ans après, Salé engendra Héber, celui-ci trente

quatre

quatre ans après, devint père de Phaleg. Du tems de ce dernier la terre fut divisée après la confusion ; par conséquent plus de cent ans s'écoulèrent, entre le déluge et la dispersion des ouvriers téméraires.

Je passerai sous silence la généalogie des descendans des autres enfans de Noë. Sans doute qu'ils ne furent pas moins féconds. La terre se vit donc dès-lors une seconde fois peuplé d'un grand nombre d'habitans. Chaque patriarche engendra, pour me servir des expressions de l'Ecriture, *des fils et des fille:.*

Je laisse aux interprêtes à expliquer ce passage du chapitre onzième du la *Genèse*, où il est dit, que *toute la terre étoit d'un langage et de*

*même*

*même parole.* Il fuffit pour mon deffein, que ce ne fut pas l'Hébreu, ni aucune autre langue qui eût une dénomination particulière.

Il eft dit dans le même chapitre, que Dieu confondit le langage de toute la terre ; ainfi donc l'Hébreu ne feroit plus : car il eft certain, felon le paffage que je viens de citer, qu'aucune des langues qui font en ufage aujourdui, ne fut celle des patriarches qui vécurent avant la confufion du langage de toute la terre.

J'obferverai en paffant, que quand même il n'y auroit eu qu'une feule langue, entre ce periode qui s'écoula depuis le déluge jufqu'à l'édification de la tour, cette langue étoit fu-

jette

jettte aux mêmes changemens que celles qui la précédèrent.

L'inconftance des hommes, l'amour de la nouveauté, comme j'ai dit, changent les langues auffi bien que les modes. Les hommes étoient-ils donc moins inconftans avant l'édification de la tour de Babel ? Avoient-ils moins d'amour pour la nouveauté ? Non, fans doute. Le projet téméraire d'élever une tour qui s'élevât jufqu'au ciel, prouve et leur inconftance et leur amour de la nouveauté, j'ajoute et leur folie.

Il eft donc probable que ces enfans de vanité exercèrent leur inconftance fur leurs langues, et lui firent fubir le fort de leur

amour

amour pour la nouveauté, dangereux appanage de l'homme foible et orgueilleux.

Tout ce que je prétends, Monsieur, c'est
que sans nier, qu'il n'y eut qu'une seule langue
identique, j'insinue qu'il est fort probable, que
cette langue suivoit le torrent de l'inconstance,
qu'elle étoit déjà altérée, non seulement dans
la prononciation, mais peut-être encore dans
le fond ; les preuves analogues, que j'ai rapportées, rangent ce me semble, ma conjecture à côté de la vraisemblance.

Je viens à ce période où les enfans des
hommes sont répandus sur la terre en grand
nombre. Criminels comme leurs prédécef-
feurs,

feurs, ils appréhendent les mêmes châtimens; ils penfent à un abri. Une haute tour leur femble un moyen efficace d'echaper à une nouvelle inondation : ils en forment le projet ; leur vanité le diête : infenfés bientôt ils en commencent l'entreprife : la préfomption les guide ; effort inutile ! Dieu confond l'une et l'autre.

A peine ont-ils commencé l'édifice, que la confufion fe met dans leur langage, ils ne s'entendent plus et laiffent l'ouvrage de leur vanité imparfait.

L'opinion la plus commune touchant cette confufion, dit le P. Lamy, eft que Dieu ne

K

confondit

confondit pas tellement le langage de ces hommes, qu'il fît autant de différentes langues qu'ils étoient d'hommes. On croit seulement qu'après cette confusion, chaque famille se fervit d'une langue particulière ; ce qui fit que les familles s'étant féparées, les hommes furent diftingués, auffi bien par la différence de leur langage, que par celle des lieux où ils se retirèrent.

Il se pouvoit faire, que cette confusion ne confiftât pas en de nouveaux mots, mais dans le changement ou la tranfpofition, dans l'addition ou le retranchement de quelques lettres de celles qui compofoient les termes qui étoient en ufage avant cette confusion.

Le

Le P. Thomaſſin, dans ſon Gloſſaire, prouve que ce que dit Moyſe de la confuſion des langues de ceux qui bâtirent la tour de Babel, ſe peut entendre d'une méſintelligence, qui ſe mit entre eux : ſa raiſon eſt que les orientaux, après la diſperſion, ſe font ſervis de divers dialectes plutôt que de diverſes langues : que ſans une confuſion miraculeuſe de langues, l'éloignement des peuples, l'établiſſement des empires et des républiques, la diverſité des loix et des coutumes, le commerce des nations purent cauſer du changement dans le langage.

De quelque manière que cette confuſion ſe ſoit faite, il eſt toujours certain que les langues furent changées. Une autre choſe eſt également certaine, c'eſt que vous né verrez jamáis

K 2

changer

changer les fentimens d'eftime avec lefquels j'ai l'honneur d'être,

MONSIEUR,

*Votre très humble, très obéiffant ferviteur,*

* * *

---

## LETTRE XVI.

MONSIEUR,

VOTRE procédé eft généreux, votre lettre flatteufe : je vous rends juftice fur l'un, mais je me prévaus de l'autre. La générofité eft l'appanage d'un cœur comme le vôtre.

Je ne fuis pas affés vain pour m'imaginer, que je mérite votre approbation, à tous égards. Si c'eft par les fentimens que mes lettres ex-

priment,

priment, perfonne, j'ofe le dire, ne là mérite plus que moi ; fi c'eft par le ftile qu'elles
font écrites, vous m'encouragez à faire tous
mes efforts pour la mériter.

Mais à quoi bon tous ces préliminaires ?
Venons au fait. Nos préfomptueux entrepre-
neurs ne peuvent s'entendre réciproquement.
Divifés par leur langage, ils fe féparent l'un
de l'autre, ils fe répandent fur la face de la
terre, elle leur offre fon afile, et la Providence
leur marque leur deftinée.

C'eft de ce periode que nous pouvons dater l'origine de l'Hébreu, et de toutes les autres langues qui difputent fur le droit de prio-
rité.



Séparés

Séparés les uns des autres les architectes de vanité se retirent, chacun dans le canton qui lui paroit le plus analogue à ses besoins, disons plutôt à ses plaisirs. C'est là que chaque père de famille compose son petit état, sa petite république et lui prescrit des loix. Monarque absolu dans sa propre maison, un père pouvoit à son gré inventer de nouveaux termes, les tranfmettre à ses héritiers aussi bien que ses droits.

Ce droit d'inventer de nouveaux mots n'étoit pas inaliénable dans un père de famille. De tous tems les hommes ont aimé la liberté, et jamais ils n'ont cessé de se forger des chaines. Vain et ambitieux comme ses ancêtres l'homme a usurpé l'autorité sur l'homme. Le plus fort

a mis

a mis des entraves au plus foible : et maitre de
fes concitoyens, le monarque impérieux a fixé
le langage ; mais enfin la valeur des termes
eft devenue le droit de la focieté réunie.

La plûpart de ces ouvriers téméraires répandus fur la terre étoient chaffeurs probable-
ment, ou bergers ou cultivateurs ; comme
leurs befoins étoient en petit nombre, et leurs
connoiffances refferrées dans une fphère étroite,
ils n'avoient befoin, que d'un petit nombre
de termes qui fe multipliaffent et fe diverfifiaf-
fent, à mefure que leurs befoins, leurs inté-
rêts, leurs connoiffances fe multiplioient et fe
diverfifioient.

                    C'eft

C'eſt la diverſité des occupations, des beſoins, des plaiſirs, le négoce, les arts, les ſciences qui ont fait trouver un nombre prodigieux de mots dont une langue a beſoin. Auſſi voyons nous encore aujourdui, que les nations les plus polies ont les langues les plus polies ; et celles qui ont emprunté les arts et les ſciences des autres peuples, ont également emprunté les termes pour exprimer ces arts différens et ces différentes ſciences.

Les Anglois, dit l'ingénieux Mr. Harris parlant de ſes compatriotes, ſont remarquables dans les différens emprunts qu'ils ont faits. Leurs termes de littérature prouvent qu'ils ſont redevables à la Grèce de leurs belles-letres. Leurs termes de muſique et

de

de peinture montrent qu'ils ont tiré la connoiffance de ces arts de l'Italie.   Leurs termes de
guerre dénotent qu'ils ont appris l'art mili-
taire de la France ; et leurs termes de navi-
gation font voir qu'ils ont été inftruits dans
cet art par les Flamands et les Hollandois.

Ces différentes fources de la langue Angloife font caufe, qu'elle manque de régula-
rité et d'analogie ; mais comme j'ai dit, elle
a cet avantage de compenfer ce qu'elle manque
en élégance,  par une grande abondance de
termes forts, concis, expreffifs et harmonieux ;
en quoi elle ne le cède peut-être pas à aucune
autre langue vivante.

C'eft

C'eſt ainſi que toutes les autres langues ſe font perfectionnées et multipliées : aucune n'a été parfaite dès ſon origine, comme le prétend le P. Lamy, au ſujet de la langue Hébraïque.

Je ne m'arrêterai pas à réfuter cette opinion. J'ai aſſés fait voir le ridicule de toutes ces ſuppoſitions, conféquences eronnées d'une ſuppoſition encore plus ridicule.

Ce ſeroit ici la place de finir toutes ces lettres que vous devez attribuer à mon empreſſement de vous faire un détail de ce qui fut la matière d'une converſation. Quelques réflexions me reſtent : je vais les faire le plus ſuccinctement qu'il me ſera poſſible.

L'opinion

L'opinion commune, difons plutôt le préjugé commun, eſt que la langue Hébraïque
dérive l'étimologie de ſon nom d'*Héber*. On a
fait à ce ſujet des recherches, des diſſertations
ennuyeuſes et ſuperflues. Tant on aime à
vétiller ſur des minuties.

Quiconque diroit que le François dérive
ſon nom d'une famille qui s'appelloit *François*, ou que l'Anglois dérive le ſien d'une famille qui portoit celui d'*Engliſh*, avanceroit le
plus inſoutenable paradoxe.

Le bon ſens nous dicte que toutes les langues dérivent leur étimologie des nations qui
les parlent. Ainſi les langues Françoiſe, An-
gloiſe, Italienne, Eſpagnole, Portugaiſe, &c.

tirent

tirent leur dénomination des différens peuples qui parlent ces langues.

Dans cette réflexion simple, concise et con-vaincante, nous trouvons l'étimologie de la langue Hébraïque ; elle fut appellée *Hébreu*, parcequ'un peuple qui parloit cette langue, s'appelloit *Hébreu*.

Toujours favorisé de la Providence, ce peuple s'est rendu fameux par toute la terre ; les prodiges, les miracles marchoient à sa tête et suivoient ses pas. Toutes les villes qu'il attaquoit, se soumirent, presque sans combat à son obeissance. Jéricho même, la superbe Jéricho tombe au seul son des trompettes.

La

La langue des Hébreux en conféquence, eft devenue le langage de prefque toute la terre, je parle de celle qu'ils conquirent. Les vaincus parlèrent le langage des vainqueurs.

Les livres faints de l'ancienne alliance ont été écrits en Hébreu, voilà ce qui a achevé de rendre cette langue auffi fameufe, que la nation elle-même. Ne feroit-ce pas celà qui la fait regarder comme le langage d'Eden ? Ce ne feroit pas un problême. La caufe eft peut-être pardonnable : le préjugé ne l'eft pas.

Ne fauroit-on témoigner fon refpect pour les divines Ecritures fans fuivre aveuglément des fuppofitions fabuleufes ? Souvent idolâtre d'une beauté réelle ou imaginaire, on l'eft prefque toujours des préjugés. Une

Une autre réflexion me reste à faire sur ce que dit Mr. Jones, que plusieurs des descendans de Japhet avoient fondé le royaume de Troye avant la dispersion des ouvriers de Babel, que le nom de Troye étoit composé de *Tre-io* que cet auteur dérive du Gallois et qui signifie, selon lui, la ville d' *Jo* ou de Japhet.

Sans entrer dans une discussion sèche et ennuyeuse sur l'étimologie souvent arbitraire d'un mot, j'observerai que nous pouvons dater la fondation de Troye, a peu près du tems que selon l'histoire sacrée, Josué succéda à Moyse, dans la conduite des enfans d'Israël, environ 700 années avant le commencement de la ville de Rome, et lorque les Assiriens règnoient en Asie, depuis six cens quarante ou cinquante ans. Selon

Selon cette obfervation il s'enfuit que le royaume de Troye fut fondé longtems après la difperfion, puifque Jofué vécut longtems apiès cette époque, et que l'empire des Affiriens eft antérieur à celui de Troye.

Je pourrois prétendre avec moins d'abfurdité que la langue Teutonique eft la première qui fe parla hors d'Eden. Cette opinion qui eft également mal fondée, a fes partifans également acharnés à foutenir leurs paradoxes.

Si je voulois faire parade d'une érudition étrangère et vous effaroucher par de longues citations, je feuilleterois de gros volumes, j'amafferois un tas de traductions Grêques, Hébraïques, Arabes . . . . avec tous les noms fcientifiques de leurs auteurs : mais cet ouv-

rage

rage deviendroit trop férieux : je passerois les bornes que je me fuis prefcrites : j'abuferois peut-être de votre complaifance et je me fou- viens de ma promeffe.

Je ne me fuis pas engagé à décider quelle a été la première langue : cette queftion fera toujours indécife, et perfonne n'en a encore fourni des preuves folides et convaincantes.

——— Et adhuc fub judice lis eft.

Je finis par une décifion qui fera toujours hors de doute, c'eft que tant que je ferai fuf- ceptible de plaifir, j'aurai toujours celui d'être tout à vous,

MONSIEUR,

*Votre très humble, très obéiffant ferviteur,*

* * *

F I N.

www.ingramcontent.com/pod-product-compliance
Ingram Content Group UK Ltd.
Pitfield, Milton Keynes, MK11 3LW, UK
UKHW022347090726
13658UKWH00002B/516